知的生きかた文庫

日本語おもしろ雑学

坪内忠太

三笠書房

まえがき

日本語は空気のようなものだから毎日使っていて何の違和感もありません。が、その言葉に、ちょっとだけ疑問をさしはさんでみると、もっと面白《おもしろ》く、楽しく、意外な世界の広がっていることを、この本ではお知らせしたいと思います。

例えば、下手な役者を「**大根**」といいます。「あのタレントはイケメンだけど、大根だよね」。これで意味は伝わるでしょう。でも、なぜ大根なのか、「下手なこと」とどう結びつくのか、すぐにはわかりません。もちろん調べればわかります（31ページ）。あるいは、図抜けてすごいことを「**超ド級**」と、スポーツ新聞の見出しなどでよく見ますが、この「ド」とは何でしょうか（37ページ）。さらに、長崎チャンポンの「**チャンポン**」とは何のことか？（60ページ）などなど、いくらでもあります。

こんなあれやこれやのうち、調べて、その言葉の成り立ち、もともとの意味などがわかったものを雑学的に集めてみました。

意外な発見がたくさんあるはずです。

坪内忠太

目次

1章 下手くそな役者を、なぜ大根というか？

2章

カモ肉とネギのそばが、なぜ「カモなんばん」か？

3章 面（顔）が白いことが、なぜ「面白い」なのか？

4章 料理のコツという時の「コツ」とは何か？

5章

「こんにちわ」と挨拶するのに、なぜ、「こんにちは」と書く？

6章 「進退谷まる」はシンタイ〇〇マルと読む

7章 バカのことを、なぜアホウというか？

8章 「うれしくて鳥肌が立った」はちょっと変？

イラスト／津々井良／村林タカノブ
本文DTP／株式会社Sun Fuerza

1章

下手くそな役者を、なぜ大根というか？

1 「敗軍の将、兵を語らず」の兵は、部下のことではない？

負け試合の監督がよく「敗軍《はいぐん》の将、兵を語らず！」という。続けて、「連戦で、故障者が多かったし……」と本音《ほんね》をいって周りを白《しら》けさせたりもする。しかし、この、「敗軍の将、……」の使い方は間違い。監督は選手を「兵」と思っているが、そうではないからだ。この「兵」は「兵法《へいほう》」の「兵」である。「敗軍の将に兵法を語る資格はない」というのが正しい。負けチームの監督が選手の故障や凡ミスに触れないというのではなく、ましてや、敗戦を選手のせいにしないというのでもない。「負け試合の監督には、作戦について語る資格などないよ」と自己批判を込めて使うと、決まる。

2 「あの人は『けれん味』のない人」というが、どんな人？

「けれん味」は漢字で書くと「外連味《けれん》」だが、これでは何のことかわからない。「けれん味」のない人とは、ハッタリやごまかしのない人だから、「けれん味」はハッタリやごまかしである。

歌舞伎《かぶき》や人形浄瑠璃《にんぎょうじょうるり》では、ウケを狙って奇抜《きばつ》な演出をすることがある。宙乗《ちゅうの》りや早替《はやが》わりなどだ。しかし、これらは芸の本筋《ほんすじ》からは外れているので「外連」という。

つまり、ウケ狙いの奇抜なことだから、ハッタリ、ごまかしという意味になった。

3 「さいさきが悪い」というのは、どこが変？

大相撲の初日に「さいさきが悪いですね」と親方《おやかた》がテレビでいっている。客の入りがよくないのだ。「さいさきが悪い」はよく使われるが、しかし「さいさき」は漢字で「幸先」だから、後に続くのは「いい」でなくてはならない。朝、茶柱《ちゃばしら》が立った時、「今日は幸先がいいな」はいい。客の入りが悪いのは「縁起《えんぎ》が悪い」である。

4 下手くそな役者のことを、なぜ、大根というか？

大根とは何か。すぐ思いつくのは、どんな食べ方をしても、どんなにたくさん食べてもお腹《なか》をこわさないことだ。そう、絶対に当たらないのだ。では大根役者とは何か。どんなに熱演しても、脇役《わきやく》を固めても客が入らない。絶対に当たらないのだ。だからだ。

5 「ネコなで声」はネコをあやす人の声か？　人にあやされるネコの鳴き声か？

相手の機嫌を取るため発する、わざとらしく、甘く優しい声を「ネコなで声」というが、これはネコをあやす人の声か、人にあやされているネコが発する甘え声か、どっちだろうか？　どっちにしろ、甘え声ということでは同じだが、1715年（江戸時代）に書かれた近松門左衛門の『大経師昔暦《だいきょうじむかしごよみ》』には、「おおかはいやと　ねこなで声、にゃんにゃん甘える　めねこの声」という箇所があり、もとは、ネコをなでながら、人が発する甘やかしの声だったことがわかる。

ネコが日本に来たのは奈良時代、経典《きょうてん》をネズミの害から守るために中国から移入された。愛玩《あいがん》用に飼われたのは平安時代になってかららしい。

6 皆に反対されることを「総スカン」というが、スカンとは何か？

総スカンという言葉は会話の中で使われ、「ソウスカン」と音で記憶されるので、その由来を考えることは、まずないだろう。

しかし、文字で書くと、「総スカン」とカタカナ表記するので、「スカンとは何だ？」となる。が、その意味と結びつく「スカン」には思いいたらない。「スカンピン」の「スカン」か「スカンク」の「スカン」か……？ しかし、実はこれが「好かん」だったと知れば、なるほどと納得できる。「皆が好かん」から、「総スカン」だったのだ。カタカナで表記するから、「何のことやらわからんかった」のである。

7 看板に偽《いつわ》りがあることを「羊頭狗肉」というが、「狗肉」とは？

鳴り物入りだった映画がつまらなかった場合などに、「羊頭狗肉《ようとうくにく》だったね」となるが、これは「羊頭を掲《かか》げて狗肉を売る」からきている。狗肉は犬の肉だ。われわれ日本人は「犬を食べるの？」と思ってしまうが、中国には昔から犬肉食《けんにくしょく》の文化があり、ネット百科「ウィキペディア」によると、現在も広東《かんとん》省、雲南《うんなん》省、湖南《こなん》省などでは調《ちょ》理《うり》されているという。

そのことに関してこんなエピソードが『故事成語目からウロコの85話』（阿《あ》辻哲次《つじてつじ》／青春出版社）に紹介されている。清朝《しんちょう》末期、あるイギリス人外交官が、可愛がっている犬に子犬が生まれたので、中国の高官にプレゼントした。すると、しばらくして、礼状が届き、そこには「ごちそうさまでした」と書いてあったという。肉食のイギリス人だが、これは思いがけない言葉だったのである。

8 あたたかい部屋を漢字で書くと「暖かい部屋」か「温かい部屋」か？

「暖かいスープ」か「温かいスープ」か、「フトコロが暖かい」か「フトコロが温かい」か、「暖かい部屋」か「温かい部屋」か、迷ってしまうが、簡単にわかる方法がある。反対語を置いてみるのだ。「暖かい」の反対は「寒い」、「温かい」の反対は「冷たい」だ。だから、「寒いスープ」か「冷たいスープ」か、「フトコロが寒い」か「フトコロが冷たい」か、「寒い部屋」か「冷たい部屋」か、となって答えは明らか。

反対語でなく、温度を上げてみるという手もある。「暖かい」の温度を上げると「暑い」となり、「温かい」は「熱い」となる。だから、「暑いスープ」か「熱いスープ」か、「暑い部屋」か「熱い部屋」か、となってこれも明らかだ。暖かいは主に気温、温かいは物の温度をあらわすと覚えておいてもいい。

9 刺身はどう見ても切り身なのに、なぜ「刺す」か？

魚の切り身を見ただけでは、料理人ならともかく、一般の人には何の魚かわからない。そこで、昔は、魚の尾鰭《おひれ》を切って身に刺して出した。だから「刺身」というのだ。

また、「切る」は身を切るに通じる縁起の悪い言葉（忌言葉《いみことば》）とされていたので避け、「刺身」にしたという側面もある。

10 つまらないことを「くだらない」というのには、理由がある？

江戸時代、上方（関西）で生産され、大消費地の江戸に輸送される品々を「くだりもの」といった。主に衣類《いるい》や食品などだが、中でも人気が高かったのは灘《なだ》や伊丹《いたみ》の日本酒である。将軍の御膳酒《ごぜんしゅ》も伊丹「剣菱《けんびし》」の諸白《もろはく》だった。諸白とは上等な日本酒のことである。

「くだりもの」ははじめ菱垣廻船《ひがきかいせん》で皆一緒に輸送されていたが、日本酒の人気が高まり需要が増えてきた1730年以降は樽廻船《たるかいせん》として単独で送られるようになった。

樽廻船が品川沖に到着すると、「くだり酒」は天満船《てんません》に積み替えられ、茅場町《かやばちょう》、新《しん》川《かわ》あたりの酒問屋に納められた。もちろん、江戸や関東一円でも日本酒は生産されていたが、これらは、上方から下ってきたのではない酒だから「くだらない酒」である。

上方産の「くだり酒」には莫大《ばくだい》な輸送費がかかるので、不良品、品質の悪いものはあらかじめ除かれている。当然、「上等な酒」ばかりということになるが、それに比べ、江戸の「くだらない酒」は「つまらない酒」も多かった。

11 「その一言で夫婦の絆が深まった」は間違い。どこが？

信頼関係が強くなることを「絆《きずな》が深まる」と誤解し、会議で激しく対立した相手と「かえって絆が深まった」といったりもするが、間違い。絆とは牛馬をつなぎとめる綱のことで、それが「人と人との結びつき」に転用されたものだが、綱だから深くはならない。

「強くなる」「太くなる」「固くなる」というべきである。

12 図抜けてすごいことを「超ド級」というが、「ド」とは？

スポーツ紙の一面に躍る「超ド級のホームラン」「超ド級のシュート」は目を引く言葉だ。この「ド」とは何かということだが、20世紀初頭にイギリスが造った、超性能の戦艦ドレッドノートに由来する。各国はこの超性能戦艦ができた時、これを看過《かんか》できず、その上を行く性能を備えた戦艦の建造に狂奔《きょうほん》した。ドレッドノートを超える戦艦は「超ドレッドノート級」だが、長いので、新聞は「超ド級」と見出しを打った。超弩級という漢字もあるが当て字である。語源からいって超ド級が正解だ。

13 「覆水盆に返らず」の盆は、食器を運ぶ平らなお盆ではない？

離婚した夫婦はもとに戻れないという「覆水盆に返らず《ふくすいぼんにかえらず》」の故事は、次の話からきた。太公望《たいこうぼう》で知られる周《しゅう》の呂尚《りょしょう》は、若い頃、本ばかり読んで赤貧洗《せきひんあら》うがごときだった。このため妻は家を出ていった。しかし周の文王《ぶんおう》に見出され、出世して斉《せい》の国王となると、この女性は復縁を申し出てきた。呂尚はその時、盆に入れた水をこぼして見せ「一度こぼれた水は二度と盆には戻らない」と断った。

この盆は水を入れる容器だから、われわれが知っているような平らな盆ではない。中国文化史の阿辻哲次《あつじてつじ》京都大学名誉教授によると、中国では、盆とは洗面器のような底の浅い鉢《はち》のことである。これは、盆地の盆も同じで、洗面器の底のような地形のことをいう。お盆のように平らな場所ではない。

14

故郷《ふるさと》やどちらを見ても山笑う（正岡子規）「山笑う」とは何のことか？

「山笑《やまわら》う」は、早春に木々が芽吹き、春の日に照らされた近くの山々が、褐色から黄緑に変化していく様子をあらわした俳句《はいく》の「春の季語」である。中国・宋《そう》の禅宗画家《ぜんしゅうがか》・郭熙《かくき》の「春山淡冶《たんや》にして笑ふがごとく」が出典。冬の季語である「山眠《やまねむ》る」と対比され、明るく楽しい春山の景色をあらわしている。

15

「五里夢中」と書いたのでは間違い。なぜ？

この間違い四字熟語は、正しくは「五里霧中」である。あれこれ迷い判断がつかなくなるという熟語の意味が先行して頭をよぎり、ついつい、「夢中」と書いてしまうのだろう。本来は、五里四方に霧が立ち込め、方角がまったくわからなくなったということだから、「五里霧」の「中」に立ちすくんでいる、のである。

16 「袖振り合うも多少の縁」は間違い。どこが？

人と人が出会うのはちょっとした縁と思っていると「袖振り合うも多少の縁」でいいと思える。しかし、本当は「袖振《そでふ》り合うも他生《たしょう》の縁《えん》」、つまり、ここで会ったのは前世からの因縁《いんねん》があったからだということ。ちょっとした縁ではなく、深い深い縁だから「多少」ではない。「他生」は、この世の「今生《こんじょう》」に対する言葉で、前世のことだ。

17 「弘法にも筆の誤り」で、弘法大師がやった誤り《エラー》とは？

弘法大師《こうぼうだいし》は真言宗《しんごんしゅう》の開祖《かいそ》・空海《くうかい》である。えらいお坊さんだが、書道家としても知られる。ある時、勅命《ちょくめい》を受け大内裏《だいだいり》（平安京の宮城《きゅうじょう》）・応天門の額を書いたが、でき上がった額を掲げてみると、応という字の点が一つ落ちていた。見上げていた人々はアッと驚いたが、大師さんは傍《かたわ》らの筆に泰然《たいぜん》として墨を含ませ、やおら額に向けて投げ、応の字を完成させた。これが有名な「投《な》げ筆《ふで》」の逸話《いつわ》だが、ここから、どんな名人にも失敗はあるものだということで「弘法にも筆の誤《あやま》り」という故事ができた。

18 「びびる」というのは現代語のようだが、実は平安時代から使われていた!?

戦さの時、兵士は鎧《よろい》を着ているので、大軍が動くと触れ合ってびんびん響く。その音を「びびる」といった。平安末期、源平《げんぺい》の戦いは静岡県の富士川で決戦の火蓋《ひぶた》が切られたが、この時平家《へいけ》は水鳥《みずどり》が飛び立つ音を源氏《げんじ》の大軍の「びびる」音と勘違《かんちが》いして一斉に逃げ出した。源氏の影に「びびった」のである。

歴史家の樋口清之《ひぐちきよゆき》氏によると、平家が逃げ出した1180年（治承《じしょう》4年）のこの頃、関西で大干《だいかん》ばつがあり、米がほとんど収穫できなかったという。平家の武将たちは腹が減って戦さどころではなかったのだ。対する源氏の東日本は、天候に恵まれて平年以上の作柄だった。やる気満々だったのである。

19 電気街で有名な秋葉原は「あきばはら」か「あきはばら」か？

江戸時代、今の秋葉原あたりは下級武士の住む町で火事が多かった。そのため、明治政府は1869年（明治2年）、ここに9000坪の火除地《ひよけち》を設け、火防《ひふせ》の神として全国的に信仰を集めていた静岡の秋葉大権現《あきばだいごんげん》を分霊《ぶんれい》し、鎮火《ちんか》神社として祭った。それからは「秋葉原＝あきばっぱら」とか「秋葉原＝あきばがはら（あきばはら）」と呼ばれたが、1890年（明治23年）に駅ができた時、秋葉原の読みを知らない鉄道官僚が勘違いから「あきはばら」と駅名をつけた。

その時から「あきはばら」となり、後にこれが地名として正式採用された。だから「あきはばら」が正式だが、もともとは「あきばはら」である。

20 東京の観光スポット「お台場」の台場とは何のことか？

1853年（嘉永《かえい》6年）、アメリカのペリー艦隊《かんたい》が来航《らいこう》し幕府《ばくふ》に開国を迫った。これに脅威《きょうい》を感じた幕府は江戸の防備のため、伊豆奉行《いずぶぎょう》の江川太郎左衛門《えがわたろうざえもん》に命じ、品川沖に海上砲台《かいじょうほうだい》を造らせた。

8つの砲台を造っているうちに、早くも翌年、ペリーはやって来た。しかし、この砲台を見て、艦隊は品川沖には入らず横浜に寄港した。現在残されているのは、そのうちの第3台場と第6台場で、第3は台場公園に、第6は無人島となっている。

21 上司がよく口にする「隗より始めよ」の隗とは何？

中国・前漢《ぜんかん》時代の『戦国策《せんごくさく》』に次のような話がある。

紀元前300年頃の戦国時代、燕《えん》の昭王《しょうおう》は隣国・斉《せい》を凌《しの》ぎたいと願い、優れた人材を集めようと考えた。そこで家臣《かしん》の郭隗《かくかい》にどうすべきかたずねたところ、「まず、この隗より始めて、家臣を優遇してください。そうすれば、私程度の人間でも厚く遇する国とわかり、もっと優れた人材が続々集まるでしょう」と答えた。

いわれたとおり隗を優遇したところ、なるほど楽毅《がっき》、蘇代《そだい》といった人材が集まった。

これが「隗より始めよ」のもとの話だが、そこから拡大解釈され、大きな計画に取りかかるにはまず足元を固めよとか、何かをなさんとする者は率先垂範《そっせんすいはん》せよ、といった教訓的な意味が加わった。隗は人名である。

22 「時代の流れに棹さして世間に取り残される」というのは何が変?

どこが変かといえば、「世間に取り残される」のところ。これだと、流れに逆らって棹《さお》を突き立てていることになるが、流れに棹さすとはその逆の行為をいう。

水底を突いて船を進ませる棒が棹であり、巧みに流れに乗り、すいすい進むことが「流れに棹さす」だ。時代の流れに棹さして経営を行えば、会社は安泰《あんたい》なのである。

23 「三十六計逃げるが勝ち」は意味はわかるが間違い。なぜか?

「三十 六計《さんじゅうろっけい》逃げるが勝ち」は、無謀《むぼう》な戦いは止めて一目散《いちもくさん》に逃げなさい、逃げるが勝ち、といいたいのだろうがちょっと変。これでは「三十六計」の意味がわからない。

本当は「三十六計逃げるに如《し》かず」。中国の兵法には三十六の計略があり、形成が不利になったときは、その中で最上の策が「逃げる」ことである、ということだ。といっても、負けてしまうのではない。再起をはかりなさいということである。

24 手遅れになることを、なぜ「六日の菖蒲、十日の菊」という?

これは「六日《むいか》のあやめ、十日《とおか》のきく」と読むが、昔は、「しょうぶ」を「あやめ」といったので、この「あやめ」は「しょうぶ」である。漢字ではどちらも「菖蒲」と書く。さて、5月5日の「端午《たんご》の節句《せっく》（こどもの日）」は軒先に菖蒲《しょうぶ》をぶら下げて菖蒲湯に入る。しかし6日にそんなことをする人はいない。手遅《ておく》れだ。では、10日の菊はどうか。こちらも、菊の節句といわれ、長寿を願う9月9日の「重陽《ちょうよう》の節句」の翌日だから手遅れとなるのである。

25 露天で客寄せに集まる人を、なぜ「さくら」というか?

桜の特徴を一言でいえば「ぱっと咲いてぱっと散る」だ。一方、露天商が客寄せに集める人も「ぱっと集まって、（用が済んだら）ぱっと解散する」。そこが同じである。

26 嫌な相手を「虫が好かない」というが、この虫は何の虫？

538年、仏教と一緒に伝来したのが中国三大宗教の一つ道教《どうきょう》である。それによると、人体には3匹の虫が住みつき、いつもその人を監視《かんし》している。そして、時々抜け出し天帝《てんてい》のもとにおもむいて、その人の行状《ぎょうじょう》を報告するのである。日本では、江戸時代になって、この3匹に、それぞれ3匹の仲間がいるとし、合計9虫が体内で蠢《うごめ》いて快、不快、上機嫌《じょうきげん》、不機嫌《ふきげん》などの感情（や意識）を引き起こすと考えられた。

そこから、「虫が好かない」「腹の虫がおさまらない」「虫酸《むしず》が走る」「虫の知らせ」「虫がいい」「泣き虫」「弱虫」などの言葉が生まれた。虫の正体は、だから、今風にいえば、感情、意識、気持ちなどといったものである。

27 なぜ、スイカ（西瓜）は西で、カボチャ（南瓜）は南か？

アフリカ原産のスイカはヨーロッパでは早くから栽培されていたが、日本に入って来たのは室町《むろまち》時代以降である。織田信長《おだのぶなが》に南蛮人《なんばんじん》が献上《けんじょう》したのが最初といわれる。

もともとは水瓜《すいか》だったが、西洋から伝わったということから、他の瓜と区別するため、後に西瓜の字が当てられた。スイカの果肉にはカリウムが含まれ、夏バテ防止の効果がある。一方、カボチャは戦国時代に九州に漂着したポルトガル人が種を持ってきた。その船はカンボジアから来たので、カボチャとなった。

スイカに形が似ており、また、南蛮国からやって来たというので南瓜の字が当てられた。でんぷんを糖《とう》に変える酵素が含まれているので、低温でゆっくり煮《に》たり、長期間貯蔵したりしておくと甘《あま》みが増す。β《ベータ》-カロテンを豊富に含んでいるので体にいい。

28 詭《き》弁《べん》を弄《ろう》することを三百代言というが、三百とは？　代言とは？

１８９３年（明治26年）に弁護士法《べんごしほう》が制定されるまでは、１８７６年（明治９年）にできた代言人《だいげんにん》制度による代言人が弁護士の役割をしていた。しかし、弁護士の前身

といっても裁判官や検察官と違って社会的地位は低く、訴訟の仕事を300文《もん》という格安料金で引き受ける者も少なくなかった。300文とは二束三文である。そんな代言人はいい加減なことをいい、いい加減な仕事をしたので、世間では自分に都合よく勝手なことばかりいうことを、三百文の代言人がいうことと囃《はや》して「三百代言《さんびゃくだいげん》」といったのである。

29 消化器管と三半規管、どちらかの漢字が間違い。どっちが違う？

口から腸まで、消化器《しょうかき》は管《くだ》になってつながっているから「消化器管」で意味は通じる。だから正しい、ように思えるが間違い。

消化器官が正解だ。器官の器とは生命体組織のこと、官は、その中で一定の役割を担っている部分だ。肺、胃、腸などである。他方、三半規《さんはんき》管《かん》は、平衡感覚《へいこうかんかく》を司る半規管が3つ集まったものだからこれでいい。管状になっている。

30 「あの企画は時期にかなっていたから当たった」は間違い。なぜ？

タイミングがよければ企画は当たる。だから、当たった企画は「時期がよかった」ことも一因といえるが、その他、開発メンバーがよかった、世の中の動きに合っていた、競合製品がなかった、ネーミングがよかった、値段を安くできたなどもろもろの条件、背景が絡《から》んでいる。単に時期だけというものではない。

そうした「判断」までひっくるめてよかったのだから、そんな場合は、「時宜にかなった」といわなくてはならない。読みも「じき」ではなく「じぎ」である。

31 長閑さや出支度《でじたく》すれば女客(素丸《そまる》)「長閑さや」は何と読むか？　何のことか？

長閑は「のどか」と読む。『万葉集《まんようしゅう》』に「流るる水ものどにかあらまし」とある。

もともと、「のど」はなだらかの「なだ」と同じで、のんびりしている様子だ。平安時代になると、春の日の長くゆったりしていることを指すようになり、『枕草子《まくらのそうし》』には「三月三日はうららとのどかに照りたる」とある。

長閑という漢字は、冬が終わり、春の日がゆっくり過ぎていく情景をあらわす。この句は、ぽかぽか暖かくなった春の日、ちょいとそこらを散策《さんさく》しようと支度をしたら女客《おんなきゃく》の声がした。顔見知りだ。それならと、「どうぞどうぞ」といいつつ、出かけるのはもう少し後にしておこうと思っている、といったところ。

32 「志望校に合格して有頂点になる」は間違い。なぜか？

正しくは有頂天《うちょうてん》である。これは仏教の世界観の一つで、仏に最も近い世界のこと。世界は下から、欲界《よくかい》、色界《しきかい》、無色界《むしきかい》でできており、上に行けば行くほど仏に近づくが、有頂天はこの無色界の一番上にある。

われわれがいるのは下の欲界だから、その中での頂点などと比較しようもないくらい高いところだ。そんなところに、うれしくて、心が駆け上ってしまうのである。

33 「木乃伊取りが木乃伊になる」というが、木乃伊とは何か？ なぜ木乃伊か？

木乃伊《ミイラ》はオランダ語のmummieを漢字表記したものだが、昔、木乃伊には不老不死《ふろうふし》の薬効《やっこう》があると信じられ、珍重《ちんちょう》された時代があった。そこで木乃伊を墳墓《ふんぼ》に取りに行く人がいた。そんな人の中には墳墓で事故にあい、帰ることができず、その遺体《いたい》が乾燥して木乃伊化することもあった。木乃伊取りが木乃伊になったのである。

34 「酒を飲むと、君子豹変して大暴れ」は間違い。なぜか？

君子《くんし》は君主《くんしゅ》ではない。品格《ひんかく》を備えた徳の高い人のことをいう。だから、酒を飲んだくらいで態度を変えない。君子豹変《ひょうへん》は「徳《とく》の高い人は自らの誤りに気づいたら、躊躇《ちゅうちょ》なくあらためる（豹変する）」ということ。単に、何か原因があって様子が変わったとか、急に態度を変えたというのではない。問題があれば、その原因を自らに問い、除去し、あらためる。その過程が周りにわからないので豹変したと見えるのである。

35 大工の親方は、なぜ、「頭《かしら》」ではなく「棟梁」か？

「棟《むね》」は日本家屋《にほんかおく》の屋根の一番高いところで、ここに架《か》ける太い横木《よこぎ》が棟木《むなぎ》である。「梁《はり》」は柱と柱を結びつける横木、つまり、どちらも日本家屋にとっての最重要部分だ。親方《おやかた》は、大工《だいく》仲間の最重要人物だから、この二つの最重要部分をくっつけて「棟《とう》梁《りょう》」と呼ぶ。

36 毎年よ彼岸の入りに寒いのは（正岡子規）なぜ「彼岸」に墓参りをするか？

彼岸《ひがん》に墓参りをするのは仏教の習わしだが、仏教国では、日本だけの風習である。彼岸会《ひがんえ》が初めて行われたのは806年3月17日であると『日本後紀《にほんこうき》』に書かれている。

この日から、仏教思想を広めるため、桓武《かんむ》天皇の詔《みことのり》で、全国の国分寺の僧に7日間「金剛般若経《こんごうはんにゃきょう》」を読ませた。これが広く定着し国民の先祖《せんぞ》供養《くよう》の日となった。

彼岸は、梵語《ぼんご》のパーラミターを訳したもので煩悩《ぼんのう》を脱した悟《さと》りの境地のこと。迷いに満ちたこの世の「此岸《しがん》」に対し、悟りの世界を「彼岸」といい、真西にあるとされる。春分、秋分の彼岸の中日には太陽が真西に沈むので、先祖を供養し、その方向に向かって手を合わせるのである。

37 西洋アジサイを、なぜ、シーボルトは「オタクサ」と命名したか？

アジサイには多くの種類があるが、普通に見かける、花が房のように丸くなる品種《ひんしゅ》は西洋アジサイである。もともとは関東地方に自生《じせい》していたガクアジサイを品種改良《かいりょう》したものだ。

では、なぜ「西洋」か？　それは、江戸時代に来日したシーボルトが持ち帰った日本アジサイ（ガクアジサイ）に品種改良が加えられ、その新品種がまた日本にやって来たからである。シーボルトは自著（共著）の『日本植物誌』にアジサイの種名を「オタクサ」と記している。これは後に、植物学者の牧《まき》野《の》富太郎《とみたろう》によって、シーボルトが日本にいた時の愛人《あいじん》・楠本滝《くすもとたき》（おたきさん）の名前を潜《ひそ》ませたものと断じられた。美しい植物名に、花柳界《かりゅうかい》の愛人名を冠したと、牧野はシーボルトを非難し、著書の中で激怒した。

38 なぜ、別れる時の挨拶《あいさつ》は「さようなら」か？

「さようなら」を漢字で書くと「左様なら」「然様《さよう》なら」である。もともとは武士の言葉で、訪問先を辞《じ》する時、「左様（然様）ならば、おいとま申す」といっていた。その後半が省略され「左様なら」だけが残ったのである。

2章

カモ肉とネギのそばが、なぜ「カモなんばん」か？

39 「大阪」は、江戸時代まで「大坂」だった。今はなぜ「大阪」か？

江戸時代まで大阪は大坂と書かれていた。豊臣家《とよとみけ》が大坂夏の陣で滅んだ後、江戸幕府は大坂を直轄地《ちょっかつち》とし、大坂城を再建、さらに河川を改修し、堀《ほり》を造って水上交通を便利にした。そのため各藩は大坂に蔵屋敷《くらやしき》を造り、その結果、全国の物産が集まり、堂島《どうじま》の米会所《かいしょ》を中心に一大商業センターとなった。商業が盛んになると、商人の中には、大坂の坂の字が「土に返る」とも読め、縁起が悪いといって嫌う者がいた。そんな人は、当時から、勝手に大阪と書いていた。

明治維新の後の1868年、新政府は大坂をやめ、大阪と表記することにした。なぜ、やめたかというと、一説では、この改称を担当した明治政府の役人が、坂は「士（武士）が反する」と読めるのでよくないと考えたからだという。

40 「鰐」は魚ではないのに、なぜ魚偏か？

昔、中国の揚子江《ようすこう》にはワニがいた。すでに絶滅《ぜつめつ》した小型のマチカネワニの一種といわれるが、今もヨウスコウアリゲーターという、大人しいワニがいる。

中国で漢字の「鰐《わに》」が登場した頃、生物の分類はまだ大ざっぱだったので、尻尾《しっぽ》があり、水中を泳いでいるワニは魚の仲間と考えられたのだろう。だから魚偏だ。ワニは非常に強力な免疫力《めんえきりょく》を持っており、汚い泥の中でも病原菌にやられることはない。

41 なぜアメリカは米国、イギリスは英国、フランスは仏国か？

江戸時代末期から明治時代の初めにかけ、ヨーロッパの先進文明に接したいという気運が高まったが、言葉がわからなかった。そこで、中国語に翻訳された文献から知識を得ようとしたが、そこには、アメリカは「亜米利加」、イギリスは「英吉利」、フランスは「仏蘭西」、ポルトガルは「葡萄牙」と漢字を当ててあった。どれも長い。そこで、亜米利加はその一字を取って米国、英吉利は英国、仏蘭西は仏国としたのである。

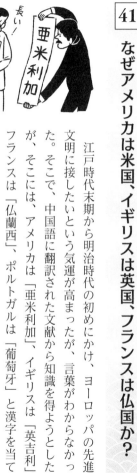

42 抜け目のない人を「目から鼻に抜ける」というが、どういうことか？

仏教では、各家で、仏前に花を供《そな》え、灯明《とうみょう》をともし、香《こう》（線香）を焚《た》くのが供養の基本である。鎌倉時代のこと、あるお坊さんが小僧を連れて、何軒かの檀家《だんか》を回っていた。すると小僧が、行く先々のお布施《ふせ》の額をピタリと予想して当てるので驚いた。聞くと、家の造作《ぞうさく》を見、次に、流れてくる香（線香）の匂いを嗅《か》げばわかるという。香には杉、椨《たぶ》、蓬《よもぎ》、白檀《びゃくだん》、沈香《じんこう》とピンからキリまである。そのどれかわかればその家のフトコロ具合がわかり、お布施の額も推理できるという仕掛けだ。まず、目で見分け、その上で鼻でも嗅ぎ分け、そうして得た情報をもとに鋭く頭を働かせるのである。このことから、賢く、抜け目のない人を「目から鼻に抜ける」といった。

43 「なおざり」と「おざなり」をうまく使い分けられるか？

「仕事をなおざりにした」と「仕事をおざなりにした」は、同じように聞こえるが意味は逆である。前者は、ほとんど「仕事をしなかった」のであり、後者は、いい加減にではあるが「仕事をした」のである。

なおざりは等閑と書く漢語で、なすこともなくうかうかと過ごすこと、一方、おざなりは漢字で御座なりと書き、その場しのぎでいい加減にやることである。

44 尾頭《おかしら》のこころもとなき海鼠かな（去来）
「海鼠」とは何ものか？

ナマコである。海鼠と書くのはナマコが昼の間はネズミ（鼠）のように隠れていて、夜になると出てくることから当てられた漢字。でろりんと海底にころがっていて、どっちが尾か頭か、見分けがつかず、風体《ふうてい》が気色《きしょく》悪いので「ナマコを最初に食べた人は偉い」といわれたりもするが、『古事記《こじき》』に登場しているので、昔から食べられていたとわかる。滋養《じよう》に富み、朝鮮人参《ちょうせんにんじん》に劣らないというので「海参」という漢字もある。冬至《とうじ》ナマコといわれ

るように旬《しゅん》は冬。活《い》きのいいのを輪切《わぎ》りにし、大根おろしで洗い、さらに酢でも洗い、三杯酢《さんばいず》に大根おろしを添えて食べる。好きな人は以上の説明で唾《つば》がたまる。

45 長崎チャンポンや酒をチャンポンにするの「チャンポン」とは何か？

もともとはチャンは鉦《かね》、ポンは鼓《つづみ》の音である。鉦は祭りのお囃子《はやし》などでチャンチャカ打ち鳴らし、鼓は能の囃し方がポンと打つ。昔は、祭りは大衆的な庶民のためのもので、能は上流階級が楽しむ上品なものとされ、その二つを一緒に打ち鳴らすのは型破りだった。長崎チャンポンは具がごちゃ混ぜで麺《めん》類の食べ方としては型破り、また、酒をチャンポンで飲むのも型破りだから悪酔いする。

46 「高見の見物を決め込む」は間違い。どこがどう違うか？

かかわりを持たない気楽な立場を守って、事の推移を見守ることだが、間違っているのは、高見の「見」だ。火事やケンカの見物だから高見と連想するのだろうが、高見は「高み」でなくてはならない。なぜなら、高みの「み」は深みの「み」と同じで、場所を示す言葉だからだ。高い場所から、かかわりを持たず、見物するのである。

47 酔っ払うことをなぜ「トラになる」というか？

昔、酒のことを竹葉《ちくよう》といった。そして、竹藪《たけやぶ》につきものの動物はトラだから、酒（＝竹葉）に酔《よ》っ払《ぱら》うことを「トラになる」と掛けたのである。

48 なぜ、「十八番」と書いて「おはこ」と読むか？

1832年（天保3年）3月、7代目市川団十郎《いちかわだんじゅうろう》は息子に8代目を襲名《しゅうめい》させ、自分は海老蔵《えびぞう》を名乗った。この時、初代、2代、4代の団十郎が初演した市川家得意の出《だ》し物《もの》（当たり芸）十八番を整理し公表した。そのことから十八番は得意芸の別名となったが、市川家ではこの十八番を演じる秘伝を箱に納め大切にしまった。そこから十八番を「おはこ」と呼ぶようになった。異説もあるがこの話が一番よく知られている。十八番というのは、助六所縁江戸桜《すけろくゆかりのえどざくら》、矢の根《やのね》、関羽《かんう》、不動《ふどう》、象引《ぞうひき》、毛抜《けぬき》、外郎売《ういろううり》、暫《しばらく》、七《なな》つ面《めん》、解脱《げだつ》、嫐《うわなり》、蛇柳《じゃやなぎ》、鳴神《なるかみ》、鎌髭《かまひげ》、景清《かげきよ》、不破《ふわ》、押戻《おしもどし》、勧進帳《かんじんちょう》。

49 病気をした友に「一病息災」といってなぐさめるのは、本当は間違い？

正しい四字熟語は「無病《むびょう》 息災《そくさい》」だ。「一病《いちびょう》」ではない。しかし、ストレス時代の今、「無病」という人は稀《まれ》だろう。大病はごめんこうむりたいが、何か一つくらい病気を経験した方が、その後は、体をいたわり健康的に過ごすことができるからである。

その意味で「一病息災」も受け入れられている。これを最初にいい出したのは、病気から立ち直った松下幸之助《まつしたこうのすけ》氏である。また、文豪《ぶんごう》トルストイも「病気を知らない人を友としない方がいい」といっている。健康自慢はデリカシーに欠けるところがあり、「一病息災」の人の相手としては相応《ふさわ》しくないということだろう。

50 「亀の甲より年の劫」というが、「亀の甲」とは？

「亀《かめ》の甲《こう》」とはカメの甲羅《こうら》だが、なぜそれを「年《とし》の劫《こう》」と比べるのかという素朴な疑問がわくだろう。劫とは仏教用語で、きわめて長い時間のことである。すなわち、これは「亀の甲」よりも、豊かな経験を積んだ人の判断の方が信頼できる、安心できる、優れている、正しいという意味である。で、「亀の甲」だが、昔の中国では亀甲占《きっこううらな》いというものがあり、亀の甲を焼いてできるひび割れによって、吉凶《きっきょう》を占い、ものごとを判断し、決めていた。が、そんなものより長老の判断の方が正しいというのがこの故事である。「医者と坊主《ぼうず》は年寄りがいい」といったようなことだ。

51 カモ肉とネギのそばが、なぜ「カモなんばん」か？

「なんばん」を南蛮と思っていないだろうか。「カモ南蛮」とメニューに記している

店も少なくない。南蛮とは、中世日本で東南アジア諸国を指し、これらの国々を経由したポルトガルやスペインの文物《ぶんぶつ》も南蛮渡来《とらい》といった。

しからば、「カモなんばん」はどうかというと、この南蛮とはまったく関係がない。昔は大阪の難波《なんば》がネギの一大産地だった。そこから、ネギのことを「なんば」といっていたが、しゃべっているうちにだんだんなまって「なんばん」となった。だから「カモなんばん」はカモとネギのそば、「カレーなんばん」はカレーとネギのそばということだ。この大阪弁が全国に広がった。

52 「ハマグリ」は、浜にころがっている栗という意味か?

ハマグリは殻《から》の色や模様が白っぽいものから茶色までさまざまだが、比較的、栗色系統のものが多い。その色や形が、ちょっと見ると栗のように見えるのでハマグリとなった。昔から、ハマグリは一夜で3里走るといわれる。これは河口にいた幼いハマグリが、いつの間にか沖に行っていることをいったもの。幼いハマグリは、粘液《ねんえき》の長い紐《ひも》を出し、それに引かれて一夜で大移動する。時速数百キロ出すこともある。

53 樋口一葉の本名は奈津《なつ》。なぜ筆名《ペンネーム》を「一葉」にしたか？

五千円札の肖像になっている樋口一葉《いちよう》は25歳の若さで亡くなるまで、老母やきょうだいの生計《せいけい》を支え、赤貧洗うがごとき生活だったことはよく知られている。亡くなった時、通っていた質屋《しちや》（金融業）の番頭が香典《こうでん》を持ってきたほどだったという。

「一葉」というのは、禅宗の開祖・達磨大師《だるまだいし》が、一枚の葉に乗ってインドから中国に渡り、悟りを開いたという故事から、達磨に（手）足がないことにかけ、貧乏でおカネ（お足）がない自分を「一葉」とペンネームで表現したのである。

54 結納の席では、なぜ緑茶はダメ？ なぜ昆布茶や桜湯を出すか？

結納は「ゆいのう」と読む。二つの家が新しい姻戚《いんせき》関係になることなので、両家が集まって食事をしたり、あるいは、男性が結納品を持って女性の家に行ったりする。

めでたいその席では昆布茶《こぶちゃ》か桜湯《さくらゆ》を出す。緑茶《りょくちゃ》はダメ。なぜかというと、緑茶は仏《ぶつ》事《じ》とかかわりが深く、葬儀《そうぎ》や法事《ほうじ》で使われるからだ。また、緑茶を飲むのは「ちゃにする」を連想させ、それは「茶化《ちゃか》す」に通じ、いい加減にすることなので相応しくないとされる。

ところで、桜湯は薄桃《うすもも》色といい、香りといい、めでたい感じがするのでいいとして、なぜ、昆布茶だろうか。それは、昆布が「よろこぶ」に通じ、またコンブと読んで「子生婦《こんぶ》」にこじつけることができるからである。子どもに恵まれる、ということだ。

55 『十六夜日記』の十六夜を、なぜ「いざよい」と読むか？

十六夜は十五夜の次の夜である。これを「いざよい」と読むのは、月の出が十五夜より50分ほど遅く、出るのをためらっているようだと見立て、「いさよう」といったもので、その名詞形が「いざよい」である。

『十六夜日記』は藤原為家《ふじわらのためいえ》の側室《そくしつ》・阿仏尼《あぶつに》の日記。日記だから作者はこれに名前《タイトル》をつけていなかったが、十五夜の次の10月16日（十六夜）から書き始められていたことから、後に、『十六夜日記』といわれることとなった。

56 生きて仰《あお》ぐ空の高さよ赤蜻蛉(夏目漱石)赤蜻蛉は何と読むか？　何のことか？

赤とんぼである。とんぼという呼び名は、稲穂《いなほ》が飛んでいるように見えることから、「飛《と》ぶ穂《ほ》」が「とんぼ」になった。棒が飛んでいるようだから、「飛ぶ棒」が「とんぼ」になったという説もあるが、棒にしては短すぎるし、ぶっきら棒すぎるように思える。関東の赤蜻蛉は6月下旬に羽化《うか》し夏の間は高山で生活する。3000メートル級の山にいることも珍しくない。8月下旬になって気温が下がると里《さと》に移動し、雄《オス》は赤く発色する。そして、秋が深まると東京にも出現し、群れて空高く飛ぶのである。

57 「今年は台風の当たり年」というのは、少しおかしい。なぜか？

「当たり年」は、本来、果物の収穫が順調なことを指していうのであって、そこから、いいことがたくさん起こった時に使う。りんごの当たり年、みかんの当たり年、ベストセラーの当たり年、といったように。よくないことが起こる場合は使わない。

58 「先輩を他山の石として頑張ります」は、どこがおかしい？

「他山《たざん》の石」は手本《てほん》ではない。中国・『詩経《しきょう》』の「他山の石、以《も》って玉《ぎょく》を攻《おさ》むべし」が語源だが、これは「他の山から出たひどい石でも玉（宝石）を磨くのに役立つことがある」。

つまらない他人の行いでも自分を磨くために役立てることができる、という意味だ。

59 「三国一の花嫁」と花嫁をほめるが、三国とは？

三国とは、日本に仏教を伝えた天竺《てんじく》（インド）、唐土《もろこし》（中国）、日本のこと。昔はこれが世界のすべてと考えられていた。だから「三国一《さんごくいち》の花嫁」は「世界一の花嫁」だ。

60 星月夜空の高さよ大きさよ(尚白《しょうはく》)
「星月夜」に月はあるか、ないか？

月がなく、星のきらめきが、月夜のように明るく感じられる夜が星月夜《ほしづきよ》である。月がないから満天に星が見える。だから、空が高く、大きく感じられるのである。秋の季語だ。

さて、天文学では星の明るさは1等星《とうせい》、６等星などと等級であらわす。昔は６等星までだったが、望遠鏡の登場で暗い星も見えるようになり、現在は、１等星と６等星の明るさの比を１００倍と決め、明るい星も暗い星も何等かわかるように分類されている。すなわち、１等星は６等星より１００倍明るく、６等星は11等星より１００倍明るい。肉眼で夜空を見た時、一番明るい恒星《こうせい》はシリウスのマイナス１・５等、惑星《わくせい》では金星《きんせい》がマイナス４等、満月はマイナス12等である。１等星とマイナス１等星の間には０等星がある。

61 なぜ、無関係の人がうまく儲《もう》けることを「漁夫の利」というのか？

「漁夫《ぎょふ》の利《り》」は中国の古典『戦国策《せんごくさく》』の故事がもとになっている。中国が秦《しん》、趙《ちょう》、燕《えん》などに分裂していた戦国時代、趙の王は小国の燕を併合《へいごう》しようと考えた。それを知った燕の王は、蘇代《そだい》を使者として送り趙の王の野心《やしん》をおさめさせようとした。

蘇代は趙の王に会うと「ここに来る途中見たことだが、貝が口をあけているところに鳥が来て突っついた。すると貝はすぐ口を閉じ、鳥は嘴《くちばし》をはさまれた。大騒ぎしているところに漁師がきて、貝も鳥も捕まえてしまった」という話をした。それを聞いた趙の王は、燕と争うと、互いの力が削がれ、最終的に大国の秦が利を得るだけだと悟り、併合の野心を捨てた、という。

62 「夜郎自大」は世間知らずという意味だが、夜郎とは何か？

中国・漢《かん》の時代、たくさんの小国が割拠《かっきょ》していたが、その中で一番勢《いきお》いのあったのが夜郎国《やろうこく》だった。ある時、漢の使者がこの国にやって来た。すると、夜郎国の滇王《てんおう》は「漢とわが国ではどちらが強いか。大きいか」とたずねた。

滇王は、「井《い》の中の蛙大海《かわずたいかい》を知らず」で、漢の強大さを知らなかったのである。この故事から「夜郎自大《じだい》」は、世間知らず、自信過剰の意味になった。夜郎は国名、自大は自分が一番と思い込むこと、である。

63 なぜ「たなぼた」は、思いがけない幸運か？

「たなぼた」は「棚からぼた餅」を省略したものである。なぜ、棚からぼた餅が落ちてくるのか。それはこの棚が神棚《かみだな》だからである。神棚は高いところにしつらえ、お参りする人は、仰ぎ見て拝《おが》む。

今は、お菓子がいろいろあるので、甘いものが簡単に手に入るが、この言葉が生まれた江戸時代は、甘味に乏しく、滅多《めった》に口にすることができなかった。そんな貴重なぼた餅が神棚から落ちてくるのだから、

これはもう、思いがけない幸運としかいいようがないことだったのである。

64 「知らぬ顔の半兵衛を決め込む」というが、半兵衛とは何者か？

酔っ払いに絡まれている女性がいても「見て見ぬ振り」をすることなどを「知らぬ顔の半兵衛《はんべえ》を決め込む」というが、この半兵衛とは豊臣秀吉の軍師《ぐんし》だった竹中《たけなか》半兵衛である。半兵衛ははじめ美濃《みの》の斎藤龍興《さいとうたつおき》に仕《つか》えていたが、酒色《しゅしょく》におぼれる主君《しゅくん》を諌《いさ》めるため、主君の稲葉城《いなばじょう》を奪取《だっしゅ》した。後に城は龍興に返し、辞して、浅井長政《あざいながまさ》の客分《きゃくぶん》となる。これを知った信長は、木下藤吉郎《きのしたとうきちろう》（秀吉）を使いにやり軍師に迎えたいと申し入れたが、半兵衛は知らん振りを決め込んだ。信長が人を許さない性格と知って、仕《し》官《かん》を拒《こば》んだのである。が、この時のやり取りで秀吉の才能を見抜いた半兵衛は、後に、自ら望んで豊臣家の参謀《さんぼう》となる。

このように、もともとは「簡単には心を動かされない」ということだったが、いつの頃からか、「見て見ぬ振り」「知っているのに知らぬ振り」という意味になった。

65 面倒臭くてやる気のないことを「億劫」というが、何のことか？

億劫《おっくう》の「億」は数の単位の億だからいいとして、問題は「劫」の方だ。劫《こう》は、仏教用語で「宇宙（世界）が生まれ、存続し、やがて破壊され、無に帰する時間」をいい、それがどれくらいの長さかというと「一辺160キロメートルの岩に100年に一度天女《てんにょ》が舞い降り、羽衣《はごろも》でなでで、岩が磨《す》り減《へ》ってなくなってしまう時間」（大乗仏教《だいじょうぶっきょう》の論書《ろんしょ》『大智度論《だいちどろん》』）である。その1億倍が億劫だから、まさに想像を絶する長い時間だ。そこから、うんざりする、気が進まない、面倒臭いという意味が出てきた。

66 「おつにすましていけ好かない人」というが、「おつ」とは何か？

「おつにすます」は漢字交《ま》じりだと「乙《おつ》にすます」となる。甲乙の乙だ。それは何の甲乙かというと邦楽用語で、高い音が甲《かん》、低い音が乙である。

甲の音は「甲高《かんだか》い」ので高く鋭く、乙の音は低く渋《しぶ》い。そこから、「乙」は粋《いき》で渋いという意味になり、そんな人を「おつな人」といった。「おつにすます」は「おつ」を気取ることだから、「いけ好かない人」となる。「おつ」はこの他に、「おつな味」とか「着こなしがおつ」という風にほめ言葉として使われることが多い。

67 法外な料金を取られることを、なぜ「ぼられる」というのか？

第一次世界大戦後の1918年、米の価格が急騰《きゅうとう》し、にわかに、米市場《こめしじょう》が投機的《とうきてき》な様相《ようそう》を帯びたことがある。売惜《うりお》しみ、買占《かいし》めが横行《おうこう》し、一般市民の生活は困窮《こんきゅう》した。このためこの年の7月、富山県魚津《うおづ》港で騒動《そうどう》が起こり、これが全国主要都市に飛び火して米騒動となった。歴史の教科書にものっている。

騒動は軍隊に鎮圧《ちんあつ》されたが、政府は、「暴利《ぼうり》取締《とりしまり》令《れい》」を出し騒動が広がるのを防ごうとした。この「暴利」が動詞化され「ぼる」という言葉になった。「米商人が投機的に米価《べいか》を吊り上げ、ぼったことが米騒動の原因である」と新聞も書いた。「ぼる」

は受身でも使われ、不当な料金を取られることを「ぼられる」というようになった。

68 『いろはカルタ』の「犬も歩けば棒に当たる」は、どういう意味か？

もともとこの言い回しは、「歩き回る犬は棒で打たれることもある」ということだから、余計なことはするなという意味だった。しかし、その後変化し、『いろはカルタ』に収録されると、たまに出歩くと何かいいことがあるかも知れないと逆転した。現在は、後者が広まったのでそれでいいことになっている。

犬は1万5000年以上前に、東アジアで祖先のオオカミから種が分かれた。人間に飼われた歴史は古く、イスラエルにある1万2000年前の遺跡からは子犬の骨が発掘されている。犬の嗅《きゅう》覚《かく》は人間の数千～数万倍、臭《にお》いの種類によっては1億倍も鋭い。だからさまざまの嗅覚情報を得ようと歩き回り嗅ぎ回る。そのため棒で打たれることもあるが、いいことにも出合うのだろう。

69 前もって手を打っておくことを、なぜ「根回し」というのか？

根回《ねまわ》しは植木職人の用語である。生長した大木を移植する時、ただ穴を掘って植え替えればいいというものではなく、ちゃんと手当てしなくては枯れてしまう。

下準備はまず、移植の1、2年前に樹木の周囲を掘り、四方に広がった主根以外の根を切る。そして、新たに細い根が生えてくるのを待つのだ。ここから、何かをやろうとする時、関係方面に話をつけ、準備を怠《おこた》りなくやることを「根回し」といった。

70 低い地位への移動は、なぜ「右遷」でなく「左遷」か？

日本史では右大臣《うだいじん》は左大臣《さだいじん》の補佐役《ほさやく》だから、「左」の方が上である。にもかかわらず、低い地位への移動を「左遷《させん》」というのは、中国・漢の律令制《りつりょうせい》で、右が上で左が下という「右尊左卑《うそんさひ》」の思想が徹底されていたからである。皇帝の前に並ぶ臣下の席次も、右へいけばいくほ

ど高くなった。逆に、左に行くことは降格ということだから、皆、そうなることをひどく恐れていた。その言葉がそのまま日本に伝わった。

71 夫婦の縁を結ぶ目に見えない絆を、なぜ「赤い糸」というか？

中国・北宋《ほくそう》の説話集《せつわしゅう》『太平広記《たいへいこうき》』に次の話がある。韋固《いご》という青年が、月が煌々《こうこう》と照る夜、道端で、大きな袋にもたれかかって本を読んでいる老人を見かけた。冥土《めいど》（あの世）の役人だという。袋に何が入っているのかと聞くと「赤い糸」だと答えた。そして、その糸で男女の足をつなぐと、二人は必ず結ばれ夫婦になるのだと説明した。青年は、ちょうどその時、持ちかけられていた縁《えん》談《だん》があったので、どうだろうかと老人に聞くと「ダメだ」という。そして、青年の妻はすでに決まっており、それは村の野菜売りの老婆が抱いている女の子だといった。しかし、年齢差がありすぎ、青年にはにわかに信じ

られない話だった。その後、いくつかあった縁談はどれも話が途中で壊れてしまった。そこで韋固は一念発起《いちねんほっき》し、猛勉強して十数年後には高級役人に出世した。そして、美しい娘と結婚したが、何と、その娘はあの老人のいっていた、野菜売りの老婆が抱いていた女の子だったのである。「赤い糸」で二人は結ばれていたのだ。

72 「君は僕にとってかけがいのない人だ」はちょっと変?

「かけがえのない人」を「かけがいのない人」といってしまったのだが、意味は逆である。「かけがえ」とは、「掛け替え」で、床の間の、掛け軸《かじく》の「掛け替え」のこと。「掛け替えがない」のだから、他のものに替えられないということだ。

「かけがえのない人」は、だから、とても大切な人である。これに対し、「かけがいのない人」は「賭けるほどの甲斐《かい》がない人」だから、どうでもいい人だ。

73 「あの人の話は、いつも口先三寸だ」は間違い。なぜ?

いつも調子のいい話ばかりする人を「口先三寸」と評して、いった後でもその言葉の間違いに気づかない。気づかないのは間違ったと思ってないからである。1寸は3センチだから、よく考えれば、口先が9センチもあるはずがない。その長さが舌の長さと気づけば、これが「舌先三寸」であることはすぐわかる。

74 仲間はずれにするという意味の「シカト」とは、何のこと？

今では日常会話で使われている、無視するという意味の「シカト」は、1980年頃に登場した若者言葉である。もとは花札の10月札「シカと紅葉」の図柄からきたものである。その札を見ると、紅葉の横でシカが首を横に向けソッポを向いて描かれている。花札は勝負事だからポーカーフェイスを貫《つらぬ》き、相手に何をいわれても無視することがある。その様子を、この札か

ら連想して、仲間内で「シカト」といった。「ト」は10月の「ト」だ。これが一般にも流布し、今日では、仲間はずれにする、無視するといった「いじめ」に関連づけて使われることもある。

75 不良になることを「グレる」というが、「グレ」とは何？

不良は、皆からはぐれることだから、「はぐれる」が「グレる」になったと解釈できそうだが、事実はそうではない。

平安時代に貴族の間で始まり、江戸時代まで続いた「貝合《かいあ》わせ」という遊びがある。ハマグリの2枚貝をバラバラに何個か混ぜてピタリ合う相手を見つけるのだ。2枚の貝は本来の相手としか合わない。トランプの神経衰弱《しんけいすいじゃく》のようなものである。この遊びで、相手と合わなかったハマグリをグリハマといった。そして、グリハマがだんだんグレハマに音転化《おんてんか》し、やがて、グレるとなった。これを語源に、ちゃんとしてないこと、さらに、不良になることもグレるとなった。

76 紅白歌合戦で最後に歌う人を、なぜ「トリ」というか？

テレビのなかった時代は、寄席《よせ》が娯楽センターだった。寄席に出る芸人は小さなグループを作り、そのグループごとに出演した。グループに人気者がいれば、お客はたくさん集まる。お座敷がたくさんかかる、つまり、酒席などに招かれる。これを「寄席を取る」といった。人気者がいなければ「寄席を取る」ことができなくなる。というわけで、どのグループも最低一人は人気者を抱えていた。お客は人気者目当てで来るから、早い時間にその人が出演すると、後の楽しみがなくなる。途中で帰ってしまうかも知れない。そこで「寄席を取る」ような人気者の演目は最後になった。そこから一番の人気者のことを「トリ」というようになったのである。

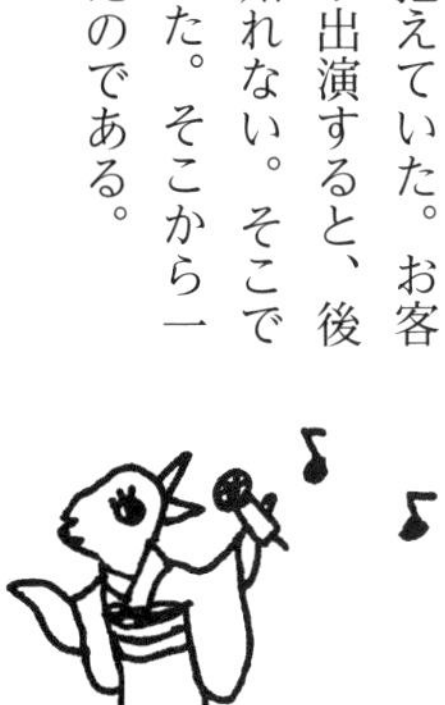

3章

面（顔）が白いことが、なぜ「面白い」なのか？

77 「あの企画はお蔵になった」は正しくない。なぜか？

今なら、企画がＯＫにならなかったらパソコンのフォルダに格納し、またの出番を待つことになるが、昔は企画書を「くら」に放り込んだのだろうか？　しかし、この「くら」は蔵ではない。

これは芝居《しばい》の一座の会話から出た言葉で「らく」を逆にいったものだ。芸能の世界では逆《さか》さ言葉がよく使われる。「めし」を「しーめ」、「よる」を「るーよ」だ。で、「くら」だが、これは千秋楽の「らく」の逆。終わりという意味だから、「おくらいりになる」は客の入りが悪く最終日を待たず終わるということだった。ボツだ。

78 面(顔)が白いことが、なぜ「面白い」なのか？

面《おもて》とは顔である。しかし、白《しろ》いといっても、血の気が引いた顔ではない。白は暗闇《くらやみ》が去り、日光が顔を明るく照らし、輝かすような状態をいっている。心が朗らかにな

っているのだ。心がウキウキすればいろんなことに興味がわき、興味がわけば面白く思えてくる。また、夜であれば、昔はみんなが集まって囲炉裏《いろり》を囲み、あるいは、ろうそくの明かりを囲んで話をした。興味深い話にはみんなが顔を近づける。すると、顔が明かりで照らされ白く見える。そこから「面白い」という言葉が生まれた。

79 雪は音もなく降り積もるのに、なぜ「雪やコンコ」か?

小学唱歌の「雪やコンコ」は「コンコンと雪が降る」様子を歌っているのではない。「コンコ」はもともとは「コムコム」つまり「来む来む」であり、「来なさい来なさい」と、もっと雪が降るように誘っているのである。

80 いきなり要点に入ることは、「短刀直入」でいいか?

よくない。正しくは「単刀直入《たんとうちょくにゅう》」である。単刀とは、「たった一本の刀」のことで、何の準備もなく、いきなりという意味だ。いきなりだから、もちろん相手も準備をしていない。だから互いに、ありのままの姿を目《ま》の当《あ》たりにする、というのが『景徳伝灯録《けいとくでんとうろく》』という禅書《ぜんしょ》に書かれていることである。

今は、回りくどい解説や資料なしで、すぐ本題に入るという時、使われている。「単刀直入に申し上げまして……」という具合だ。

81 常識はずれを無茶というが、「茶」が無いことがなぜ常識はずれか？

昔から、日本人の習慣として、お客が来たらお茶を出して接待《せったい》するのが常識となっている。だから、用件に気を取られ、うっかりお茶を出さないと「茶も出さない！」とその非常識を責められた。そこから常識はずれを「無茶《むちゃ》」というようになった。「無茶苦茶」「滅茶滅茶」も、もとは「無茶」から派生した言葉である。

82 犬が前足を上げる芸を「チンチン」というが、何のことか？

前足を上げ後ろ足で立つ犬の芸をチンチンというが、よく観察すると後ろ足で立っているのではない。尻は地面につけ上体を支えている。この姿は、人間でいえばどっかり座って「鎮座《ちんざ》」している姿だ。その様子を幼児語（犬語）のようにして、「鎮々＝チンチン」といっているのである。鎮座でなく、犬は後ろ足でも立つことができるが、その様子は、犬の訓練所では「アップ」という。

83 タマゴの漢字、「卵」と「玉子」はどう違うか？

タマゴは卵と書くのが正しい。料理で「玉子丼」「玉子焼き」と玉子という字を使うこともあるが、こちらは当て字だ。タマゴは、鶏卵《けいらん》や鶉卵《じゅんらん》（ウズラの卵）のように一つ一つ独立したものと、カエルの卵やスジコのように連なっているものがある。

日本ではどちらも卵だが、中国では食材としてのタマゴは「蛋《タン》」、魚や昆虫なども含めた生物学的な意味では「卵」が使われる。だから鶏のタマゴなら鶏蛋《ジータン》となる。

84 人の後にくっついて騒ぐ人を、なぜ「やじ馬」というか？

太田全斎《おおたぜんさい》という人が書いた江戸時代後期の国語辞書『俚言集覧《りげんしゅうらん》』によると、「やぢは、親父のことで、親父のおをはぶいた形」である。だからやじ馬は、おやじ馬と呼ばれる老いた馬のことである。こうした老いた馬は、若い馬の尻にくっついて歩く習性がある。そこから、人の後にくっついて、わけもなく騒ぎ立てる人を「やじ馬」というようになった。また、演説している人にチャチャを入れるのを野次《やじ》るというが、これも、やじ馬が大きな声を出すという意味から動詞となったものである。

85 雷が鳴った時「くわばらくわばら」というが、何のことか？

『広辞苑《こうじえん》』には、死後、雷になったと伝えられる菅原道真《すがわらのみちざね》の領地・桑原《くわばら》（現在の京都市桑原町）にはなぜか雷が落ちたことがなく、そのことから「くわばら」と唱《とな》えれば雷の被害にあわないといわれた、とある。そして、「くわばら」だけより「くわばら

くわばら」と2回唱えた方が効果的で、語呂もいいということになった。

平安時代前期に政治家・文人として活躍した菅原道真は、894年に遣唐使を停止したことでもよく知られている。901年正月に道真の政治改革に反対だった藤原時平《ふじわらのときひら》に陥れられ、九州大宰権帥《だざいのごんのそち》に左遷され2年後に死んだ。死後、道真の怨霊《おんりょう》は雷となってしばしば京都に落ちたが、領地だった桑原だけには落ちなかったという。

86 「ふろしき」はなぜ「風呂」敷か。風呂とどんな関係か？

風呂敷の風呂は、お風呂と何か関係があるのだろうか。

今の風呂からは想像できないが、かつては関係があったのである。

平安時代の風呂は現在のような湯船《ゆぶね》につかる風呂ではなく、蒸し風呂《ぶろ》だった。最初は、岩壁に掘った穴に石を敷き、火を焚《た》いて熱くし、水をかけ蒸気を作った。後になると、湯を沸《わ》かし、蒸気を湯殿《ゆどの》に導いた。室内で大汗をかき、外に出ると、桶《おけ》の湯をかけて流した。湯殿は床板《ゆかいた》も熱いので布を敷いて体を横たえた。この布が風呂敷である。入浴の道具や着替えを包んで持ち歩くのにも使った。江戸時代中期になると風呂桶に湯をためる入浴法が広がり、蒸気風呂は消えたが風呂敷の「包む文化」は残った。大風呂敷や袱紗《ふくさ》（小さい風呂敷）も登場し、模様や色彩も工夫された。

87 やにわに殴りかかるというが、「やにわ」とは何？

やにわに殴《なぐ》りかかるの「やにわ」とは、いきなり、不意に、だしぬけにといった意味だが、漢字で書くと「矢庭」あるいは「矢場」となる。すなわち、戦場で矢の飛んでくる場所のことだ。

そんな中では、すばやく、躊躇《ちゅうちょ》なく、即座に、間髪《かんはつ》を容《い》れず行動しなくてはならない。そこから、「やにわ」は即座に、いきなりといった意味になった。

88 木犀の香にあけたての障子かな(高浜虚子)「木犀」にはなぜ実がならないか？

木犀はモクセイと読む。秋になると白い花、黄色い花をつけ、甘く強い香りを放つ樹木だ。白い花がギンモクセイ、黄色い花がキンモクセイである。この木が不思議なのは、花が咲くのに、実《み》をつけないことだ。なぜだろうか？

イチョウに雄株《おかぶ》と雌株《めかぶ》があり、雌株に銀杏《ぎんなん》がなることはよく知られている。同様に、モクセイにも雄株と雌株がある。ただ、江戸時代に、中国からこの木が伝えられた時、やってきたのは雄株だけだった。その後、挿し木でどんどん増えたが、すべて雄株ばかりで雌株はない。だから、実のなっているところを誰も見たことがないのである。

89 ようかんは漢字で羊羹だが、なぜ「羊」か？

羊羹《ようかん》はもともと中国の料理名で、羊肉《ひつじにく》を使った羹《あつもの》のことである。羹とはスープのようなものだが、さまして冷たくすると、煮こごりになった。ゼラチン状である。これが、鎌倉後期に禅僧によって伝えられた。しかし、禅宗は肉食を禁じていたので、羊肉の代わりに小豆《あずき》を使った。ただ、小豆では煮こごりにならないので、葛粉《くずこ》と混ぜ、蒸してゼリー状にした。これが羊羹の原型である。最初は砂糖がなかったので、甘みのある葛（甘葛《あまずら》）が使

われていた。これらは蒸し羊羹だったが、16世紀になって砂糖の生産が本格的になると、寒天《かんてん》に飴《あめ》を入れて固めた煉《ね》り羊羹が登場した。今の羊羹である。

90 ものごとが終わった時「けりがつく」というが、「けり」とは何のこと？

「けり」は詠嘆《えいたん》や回想《かいそう》、また聞き知ったことを思い出した時に使う古語《こご》の助動詞である。和歌《わか》や俳句、その他の文語文《ぶんごぶん》では「ありけり」「なりけり」「よりけり」など、終わりに「けり」を使うことが多い。例えば、中村草田男《なかむらくさたお》「降る雪や明治は遠くなりにけり」、松尾芭蕉《まつおばしょう》「道のべの木槿《むくげ》は馬に喰《く》はれけり」、権中納言敦忠《ごんちゅうなごんあつただ》「あひみてののちの心にくらぶれば昔はものを思はざりけり」。このように終わりに「けり」がくることから、ものごとが終わることを「けりがつく」というようになった。

91 「トドのつまり」のトドとは何のことか？

ブリ、スズキ、ボラなどは、成長の度合いによって名前が変わるので出世魚《しゅっせうお》と呼ばれる。ブリは、関東ではワカシ、イナダ、ワラサ、ブリ、関西ではツバス、ハマチ、メジロ、ブリである。スズキはセイゴ、フッコ、スズキ、オオタロウだ。

では、ボラはどうかというと、関東、関西、その他の地方で少しずつ異なるが、オボコ、スバシリ、イナ、ボラ、トドが代表的な出世呼称である。ここから、いろいろ変わっても、最後には「トドでつまる（終わる）」、そして「トドのつまり」となり、「結局」とか「最後の最後には」という意味になった。

92 辻褄《つじつま》が合わないことを指す「矛盾」は、なぜ矛と盾か？

2200年以上前の中国・戦国時代に書かれた『韓非子《かんぴし》』に、楚《そ》という国のある商人の話が紹介されている。口達者《くちだっしゃ》なその人は、矛《ほこ》と盾《たて》を売る時、まず盾を見せ、「世界一の盾だからどんな矛でも貫けない」と口上《こうじょう》を述べた。次に、矛を売る時は、「どんな盾でも貫ける」と自慢した。それを聞いた客の一人が「その矛でその盾を突いたらどうなるんだ？」と問うと、商人は答えられなかったという。ここから、前後の話や行動が一致せず、筋が通らないことを「矛盾している」といった。

93 欲張りすぎて損をすることを、なぜ「虻蜂《あぶはち》取らず」という？

なぜ、アブとハチかと考え込むとわからなくなるが、クモの話だと知れば謎は解ける。巣にかかったアブを糸で捕捉《ほそく》しているとハチがかかったので、そちらも捕らえに行くとアブが逃げそうになったので……とやっているうちに両方とも逃げてしまった、という話。欲張ってゼロになったわけだ。クモは肉食で昆虫を食べるが、中には、沖縄・石垣島《いしがきじま》のオオジョロウグモのようにツバメやシジュウカラを捕食《ほしょく》するものもいる。また、オオツチグモはカエルやネズミを餌《えさ》にすることもある。捕食するといっても、ムシャムシャ食べるわけではない。

よく、クモは生き血《いきち》を吸《す》うといわれるが、実際は消化液を相手の体内に注入し、液体にして飲むのである。だから、食べ終わると獲物の中身は空っぽになっている。これは体外《たいがい》消化という。

クモの巣は手で払えば切れるが、それは細いからで、強度ということでは同じ太さの鋼鉄の5倍もある。ちなみに、ミノムシの糸はクモの糸よりさらに強い。

94 創業が古いだけの店を「老舗」とはいわない？

日本には、創業して100年以上の企業が10万社、200年以上が3000社あるといわれるが、ただ古いだけでは「老舗《しにせ》」とはいわない。「しにせ」は大坂で使われていた「仕似せる」が語源の言葉だ。

これは文字通り真似《まね》ること、すなわち、先祖代々の商売のやり方をそのままに守っているという意味である。そうすることで客の信用が築かれ、おのずと店が長く続く。「仕似せる」の名詞が「しにせ」つまり「老舗」だ。古いだけで、儲けのために商売のやり方をその時々で変えた店（企業）は、老舗といわない。

95 ウナギを焼いた料理を、なぜ蒲焼きというか？

『万葉集』に、「夏やせにはウナギを食べるとよい」という大伴家持《おおとものやかもち》の歌があるので、昔から食べていたとわかるが、蒲焼《かばや》きにしたのは江戸時代になってからだ。徳川家康《とくがわいえやす》によって、江戸で干拓事業が行われ、あちこちにできた池や沼にウナギが繁殖《はんしょく》した。

そこで、工事人足《にんそく》たちは栄養補給にこれを焼いて食べたのである。その焼き方は丸のままぶつ切りにし、串に刺した。その姿が沼地に生える蒲《がま》の穂のようであり、蒲は「かば」ともいうので「蒲焼き」の名が生まれた。屋台《やたい》の店で、山椒味噌《さんしょみそ》などをぬって出していた。脂分《あぶらぶん》が濃いので労働が激しい職人が好んで食べた。

ところで、ウナギには刺身がない。それは血液にイクシオトキシンという毒性《どくせい》成分が含まれているからである。ウナギ職人に眼病が多いのは血液に触れるため。ただし、熱を加えると毒性はなくなる。だから蒲焼きは大丈夫だ。生でも、きれいに血《ち》抜《ぬ》きして酢でしめれば、食べられる。

96 名字の「四月一日」さん、「八月一日」さんは何と読む?

名字の読み方には、まるでクイズのようなものがある。例えば、「小鳥遊」さんは「たかなし」さんである。そのココロは「小鳥が遊んでいる=鷹《たか》がいない=たかなし」

である。見出しの「四月一日」さんは「わたぬき」さん。これは4月1日になると綿の入っていない着物に替えるから。また「八月一日」さんは「ほづみ」さんだが、これは陰暦の8月1日が稲の収穫（ほづみ）を始める日だったからである。では、「月見里」さんは？　これは「やまなし」さん。月がよく見えるところ（里）には山がないからである、だそうだ。

97 ドンブリ勘定は漢字で丼勘定だが、丼は天丼などの丼か？

違う。ドンブリは焼き物の丼でなく、大工や左官《さかん》などが身につける腹掛《はらが》けという衣類の前にくっついている大きなポケットのことだ。

職人たちは、そこに当座《とうざ》のお金を入れておき、手を突っ込んで、細かく数えもしないでぱっと払った。支払いはそうやってさっと済ますものだ、という気風《きふう》があった。だいたい合っていればよかったのである。

98 皇居吹上御苑《ふきあげぎょえん》の入り口を、なぜ半蔵門というか？

東京の人は、地下鉄・半蔵門《はんぞうもん》駅があるので、半蔵門が皇居のどの門か知っているだろう。江戸時代には、この門の前部に伊賀忍者《いがにんじゃ》の頭領《とうりょう》・服部半蔵《はっとりはんぞう》の屋敷があり、一朝有事《ゆうじ》の時は、半蔵が守ることになっていたので半蔵門と呼ばれた。

徳川家康と伊賀忍者の結びつきは古く、本能寺《ほんのうじ》の変《へん》までさかのぼる。その直前、家臣《かしん》30人を引き連れて、堺《さかい》から京に向かっていた家康は道中で変を知った。直後は、織田信長に殉《じゅん》じるべく本能寺に向かおうとしたが、家臣に諫《いさ》められ、急遽《きゅうきょ》、三河《みかわ》に帰ることにした。この時、家康の帰国を助けたのが服部半蔵を頭とする伊賀の忍者たちである。

その功績で、徳川幕府が開かれた時、服部半蔵は家康から邸宅地《ていたくち》をもらい、隠密《おんみつ》頭の役を与えられて、半蔵門を守ることとなった。この門は大手《おおて》門《もん》とは正反対の位置にあり、江戸時代は、この門から甲州街道《こうしゅうかいどう》に続く両側は服部家の組《くみ》屋敷、さらに四谷のあたりまで旗本《はたもと》屋敷によって防備されていた。江戸城が攻められた時、甲州街道から甲府の幕府天領《てんりょう》に将軍を避難させるためである。

99 なぜ、酒好きを「左利き」「左党」というか？

本当の酒飲みは左手に盃《さかずき》を持って飲む、というのはウソ。右利きの人はちゃんと右手盃で飲む。では、なぜ左利きかということだが、江戸時代初期に金がたくさん発掘され景気のよかったことがある。その時期、金山《きんざん》の発掘人の間で交わされていた金山言葉が一般にも流布した。その中に、右手は槌《つち》を持つので槌手《つちて》、左手は鑿《のみ》を持つので鑿手《のみて》というのがあった。つまり、左手＝鑿手＝飲み手、と言葉遊びがあって、飲み手＝酒好きだから、酒好きは左手つまり左利き（左党）となったのである。駄じゃれだ。

100 歌舞伎役者は、なぜ、名前の他に成田屋、音羽屋などと呼ばれるか？

歌舞伎で役者が見得《みえ》を切ると客席から「音羽《おとわ》屋！」「成駒《なりこま》屋！」「成田《なりた》屋！」といった屋号《ごう》が飛ぶ。音羽屋は尾上松緑《おのえしょうろく》家、尾上菊五郎《きくごろう》家など、成駒屋は中村歌右衛門《なかむらうたえもん》家など、成田屋は市川団十郎家だ。

なぜ屋号があるかというと、江戸時代の初期、歌舞伎役者の身分は士農工商《しのうこうしょう》より下の賤民《せんみん》だった。しかし、人気の上昇で幕府も良民《りょうみん》と認めざるをえなくなった。その結果、役者は裏店《うらだな》から表通り《おもてどお》りに住むようになったが、表通りに住めるのは商家《しょうか》と決められていたから、役者は薬屋《くすり》、小間物屋《こまもの》、化粧品屋《けしょうひん》などを始め、それぞれ屋号を名乗った。この屋号が役者のステータスシンボルとなり、今も使われている。

101 責任を次々に次の人に押しつけることを、「たらい回し」というのはなぜか?

足でたらいをくるくる回す曲芸《きょくげい》は江戸時代からあった。たらいとは直径1メートル弱の浅い大きな桶だが、これを、仰向けに寝て、足でくるくる回すのがたらい回しの曲芸である。止めると落下する。だから、休まず続けなければならない。それだけでなく、次の人に、回しているたらいを足で渡していく。渡すとお役ごめんだ。こうして「責任を次に渡していく」ので、やがてそのこともたらい回しというようになった。

102 中元とは暦の7月15日のことなのに、なぜ「お中元」はイコール贈答か?

中元《ちゅうげん》は、もともとは、中国の道教《どうきょう》の行事である。正月15日を上元《じょうげん》、7月15日を中元、10月15日を下元《かげん》といって神様を祭っていた。これに仏教の盂蘭盆《うらぼん》の仏事が結びつき、祖父母や父母など目上の人に贈り物をする風習が生まれた。日本には538年の仏教伝来とともに伝わり、室町時代になるとイキミタマである親に感謝の品を贈った。その贈答の慣習が現代まで続き、「お中元」といえば贈答とイコールになった。

103 数えきれないことを「星の数ほど」というが、夜空の星は数えきれないか?

星の数は無数ではない。『理科年表』(国立天文台)によると肉眼で見える星は全天で約5600個である。北半球はその半分の2800個だが、山やビルに隠れる星もあり、実際は、2000個くらいだ。無数とはほど遠い。

しかし、市販の口径10センチの望遠鏡を使うと約100万個、天文台にある巨大望遠鏡ならさらに増え10億個以上見える。

104 贈答品にかける「のし紙」の「のし」とは何のこと？

のし紙は漢字で熨斗《のし》紙と書く。黄色い紙を長六角形の色紙で包んだ形をしているが、本来は、黄色い紙の部分に熨斗鮑《あわび》の薄い切り身を包んでいた。鮑の切り身は火熨斗《ひのし》（アイロンのようなもの）で伸ばしたので、熨斗鮑だ。

現在は、印刷したもので代用している。大昔は、神事や祝い事のあるハレの日には、贈り物は魚類を添えるのが習わしだったが、仏教が広まって、なまものを贈ることが敬遠され代用品として熨斗鮑を使った。

105 野球の7回は、なぜ「ラッキー・セブン」というか？

1885年9月30日、シカゴ・ホワイトストッキングスの優勝がかかった試合で、同チームの選手が7回に平凡な外野フライを打ち上げた。誰もがアウトと思ったが、突然、強風が吹いてホームランとなり、シカゴ・ホワイトストッキングスは優勝した。このことを勝利投手のジョン・クラーソンが「ラッキー・セブン」といったことからこの言葉が生まれた、という。他の説もあるがこれが一番もっともらしい。

106 同じようでまったく違うことを「月とスッポン」というが、なぜスッポンか？

京阪地方ではスッポンの別名を「○《まる》」という。といっても、その形をいったのではない。「まるまる食べられる」から語呂合わせで「○」だった。しかし、そのうち、形が盆のようであることも加味され、スッポンといえば「○」となり、その結果、「同じ○でも月（満月）とスッポン」と対比していわれるようになった。

生きているスッポンは臆病《おくびょう》で、わが身を守るためすぐ噛《か》みつく。引き離そうとすると、怯《おび》えてさらに強く噛む。が、そっと水につけると、離れて逃げていく。スッポン料理は精力がつくといわれるが、その肉は水分が多く、カロリーは低い。美容食といった方がいいくらいだ。

107 正月のお年玉は、なぜ「玉」か?

お年玉は新年の贈り物のことだが、最近は、子どもにやる金銭の意味になった。民俗学では、お年玉の「玉」は正月に祭られる年神《としがみ》の「魂」の「たま」とされる。神様にお供えした餅や菓子を、「御魂《みたま》」の「おさがり」として賜《たまわ》ったのである。

お供えには神様の分霊が宿っている。だから、もともとは、神様との約束事を果たすもので、子どもに金銭を与えるといった類《たぐい》のものではなかった。

108 あの人はいつも「的を得た発言をする」は、どこが変?

的《まと》とは、鉄砲や弓の標的《ひょうてき》だが、そこから発展して、「正しい意見」や「正しい答え」

といった意味で使われる。
が、鉄砲や弓だから、的は得るではなく射るである。「的を射る」が正解だ。「得る」と間違えたのは「当を得る」と同じに考えたからではなかろうか。

109 結婚式の祝辞《スピーチ》でよく聞かれる「鴛鴦の契り」とは？

鴛鴦《えんおう》の鴛はオシドリのオス、鴦はメスである。すなわち「オシドリの夫婦のように仲よく」ということだ。しかし、オシドリのオスとメスが番《つがい》で行動するのは、他の鳥同様、繁殖期だけである。次の繁殖期にはパートナーを取り替えるのだから、とりわけ仲睦《なかむつ》まじいわけではない。にもかかわらず結婚式でこの言葉がよく聞かれるのは次の故事があるからだ。

中国・宋の時代、韓憑《かんぴょう》という男が、王に妻の何氏《かし》を奪われ、絶望のあまり自殺した。これを知った妻は、夫と合葬《がっそう》するよう遺書《いしょ》を残し、後を追った。これに腹を立てた王は「死後も愛し合うというなら塚を一つにしてみよ」といって別々の墓に葬った。すると、それぞれの塚から梓《あずさ》（カバノキの仲間）が生え、2本の木の枝は寄り添うように絡まり合った。

その樹上には番のオシドリ（鴛鴦）が棲《す》みつき、日夜、首を交えて悲しげに鳴いたのである。宋の人々はこれを見て、オシドリは韓何《かんか》夫妻の生まれ変わりと考え、このことを「鴛鴦の契《ちぎ》り」というようになった。オシドリ夫婦である。

110 「雉も飛ばずば打たれまいに」は間違い？

経営方針を批判したばかりに左遷された人について、「雉《きじ》も……」という言い回しはよく使うが、……の箇所は「鳴かずば」が正解で、「飛ばずば」ではない。藪《やぶ》の中で静かにしていれば何事も起こらないのに、「ケーン」と鳴いたため、猟師《りょうし》に打たれてしまったのである。「雉も鳴かずば打たれまい」だ。

雉は、あまり知られていないが、日本の国鳥《こくちょう》である。狩猟が許されている狩猟鳥でもあるが、国鳥の狩猟を認めているのは日本だけである。飛ぶのは得意ではない。そのぶん走力《そうりょく》があり、時速30キロくらいで雑木林や竹藪を駆け抜ける。走って逃げて「頭隠して尻隠さず」となることもある。

111 「課長、今日はご苦労様でした」といったらムッとされた。なぜ？

「ご苦労」は目上が目下に向かって使う言葉。だから部下が課長に「ご苦労様」というのは非礼。どうでもいいことのようだが、こだわる人はこだわる。こだわる課長はムッとする。

112 「狼狽える」と「狼狽する」は同じ漢字だが、なぜオオカミか？

オオカミは日本では狼と書くが、古代中国では、狼も狽もオオカミである。ただ、古い伝説では、狼の方は前足が長いオオカミ、狽は後ろ足が長いオオカミとされ、この2頭はいつも一緒にくっついていなければ歩くことができないとされた。だから、狼と狽が離れると、慌てふためき狼狽《うろた》えてしまう。狼狽《ろうばい》するのだ。オオカミは北半球に広く分布し、明治時代までは、日本にもいた。江戸時代には、農民が街道に死んだ農耕用牛馬を捨て、ニホンオオカミが夜出没してこれを片づけたりしていた。しかし、猟銃《りょうじゅう》による駆除《くじょ》と犬の伝染病の広がりなどで、1905年1月23日に奈良県東吉野村で捕まった若いオスを最後に生存情報はない。絶滅種とされている。ただ、近年、山岳遭難者《そうなんしゃ》の腹部が食いちぎられていた事例もあり、絶滅していないという噂《うわさ》もある。

113 四字熟語の「朝三暮四《ちょうさんぼし》」は、朝と夕でいうことがコロコロ変わるという意味か？

そうではない。これには次の故事がある。ある人が飼っているサルに餌のトチの実を「朝三ツ、夕刻に四ツやる」といったところ、サルが怒ったので「朝四ツ、夕刻に三ツ」といい換えたら大喜びしたという。目先の利益にとらわれる人を揶揄《やゆ》するたとえ話だ。だから「いうことがコロコロ変わる」とは違う。それをいうなら朝令暮改《ちょうれいぼかい》だ。

114 「友人と飲んだ帰りのタクシーは呉越同舟だった」は間違い？

呉越同舟《ごえつどうしゅう》は中国・春秋《しゅんじゅう》戦国時代の兵法書である『孫子《そんし》』の九地《きゅうち》篇に書かれている故事で、隣国同士で争いの絶えない呉と越のような2国でも、危急存亡《ききゅうそんぼう》の時は手を結ぶものだと説かれている。もともと仲のよい同士が同席するのは、呉越同舟とはいわない。

115 手洗へば蚯蚓鳴きやむ手水鉢《ちょうずばち》(正岡子規)
ミミズは鳴くか?

「蚯蚓《みみず》鳴く」は秋の季語だがミミズは鳴かない。地中でジー、ジーと鳴くのはオケラである。そのことは俳人も心得ていて、山本健吉氏は「じつは螻蛄《けら》が鳴くのであって、蚯蚓は鳴くものではないと、ふつう説かれている。(中略)空想的、浪曼《ロマン》的季題《きだい》として面白がられたのである」(『日本大歳時記』)と解説している。ミミズは土を食べ微生物や小動物を消化吸収した後、土を粒状《つぶじょう》にして排泄《はいせつ》するが、この土が植物の生育によいというので土壌改良の益虫《えきちゅう》とされている。

116 無一文になることを「おけらになる」というが、これは虫のオケラか？

虫のオケラである。漢字で螻蛄と書く。コオロギの仲間だが地中に穴を掘って生活している。夜になるとジー、ジーという鳴き声を出すので、よく、ミミズが鳴いていると間違えられる（前項）。羽は短いが飛翔力《ひしょうりょく》はあり、田舎では、夜になると灯火に飛び込んでくる。その姿は前足を広げバンザイしているように見える。

この「バンザイ（お手上げ）」の姿から、競馬《けいば》などに負け丸裸となることを「おけらになる」といった。お手上げだ。

117 「お歳暮」に、なぜシャケ（鮭《さけ》）を贈るか？

お歳暮にシャケが贈られるようになったのは、1799年に徳川幕府が北海道を領地とした時、箱館《はこだて》奉行の戸川筑前守《ちくぜんのかみ》が、将軍家に塩引《しおび》きシャケを贈ったのが始まりである。

118 日和見主義を「洞ヶ峠を決め込む」ともいうが、どういうことか？

形勢の有利な方につこうと待ち構えていることを「洞《ほら》ヶ峠《とうげ》を決め込む」という。日和見主義《ひよりみしゅぎ》と同じ意味だ。1582年の本能寺の変に続く、山崎の合戦で、筒井順慶《つついじゅんけい》という戦国武将は山崎に近い洞ヶ峠で明智光秀軍と豊臣秀吉軍の戦況を眺めていた。

そして、光秀軍の敗色が濃厚になったところで腰を上げ秀吉軍に馳《は》せ参《さん》じた。その結果、秀吉軍は勝利を決定的にしたが、秀吉は順慶に二《ふた》心《ごころ》のあったことを見逃さず褒賞《ほうしょう》は与えなかった。

119 紫色のヒヤシンスはなぜ、「悲しみ」「競技」をあらわすか？

地中海地方原産のヒヤシンスは鉢植えや水栽培でよく育つ。その紫の花は「悲しみ」「競技」をあらわすとされるが、それはヒヤシンスという名前と深くかかわっている。

ギリシャ神話の話だ。ある日、太陽神アポロンは愛する美青年ヒュアキントスと円《えん》盤《ばん》投《な》げの競技をしていた。これを見ていた西風の神ゼピュロスは、ヒュアキントスのあまりに楽しげな様子に激しく嫉妬《しっと》し、悪意の風を巻き起こした。そしてヒュアキントスの額に円盤を激突させたのである。ゼピュロスもヒュアキントスを愛していたのだ。額から血を噴出《ふんしゅつ》させた美青年はその場に倒れ息絶えてしまった。アポロンは嘆き悲しんだが、その血の中から紫色の美しい花があらわれた。ヒュアキントスの花ヒヤシンスである。そのため、ヒヤシンスは「悲しみ」と「(円盤）競技」をあらわす花となった。

4章

料理のコツという時の「コツ」とは何か？

120 人の話を聞かない先輩に「『馬の耳に念仏』ですね」といったらムッとされた。どうして？

「馬の耳に念仏《ねんぶつ》」とは、馬は大きな耳を持っているが、念仏を聞かせても聞いているかどうかわからないことから、人の話を聞いているのかどうかわからない人という意味。ただ、注意しなくてはならないのは、この故事には、馬に念仏はわからないという「愚か者」のニュアンスがあることだ。だから、先輩、上司には使えない。

単に、人の話を聞かない人なら、「先輩はいつも馬耳東風……」でいい。こちらの馬は「愚か者」ではない。

121 会議を開いてもなかなか決まらないことを、なぜ小田原評定という？

小田原評定《おだわらひょうじょう》とは、戦国大名だった後北条《ごほうじょう》氏の重臣《じゅうしん》会議のことだが、1590年豊臣秀吉に居城を攻められた時、戦術をめぐって、老臣松田憲秀《まつだのりひで》ら籠城派《ろうじょうは》と北条氏邦《ほうじょううじくに》たち出撃派《しゅつげきは》との間で論議がまとまらず１００日を経過したことから、なかなか結論に至らない会議を小田原評定というようになった。この戦さは、北条軍5万に対し秀吉軍30万人で、結局、後北条氏は降伏、開城となり一族は処断《しょだん》された。

122 地下足袋は、農作業など「地上」で履くのになぜ「地下」か？

地下足袋《じかたび》は一般には知られてないが、強力な生地で作った足袋の足裏にゴム底をつけて屋外で履《は》けるようにしたものだ。しかし、屋外といっても、農作業や土木作業で使うのだから地上だ。それがなぜ「地下」足袋だろうか？

大正時代に、西洋人が履いているゴム長を真似てこの足袋を作った会社が試作品を売り出したところ、奇妙奇天烈《きみょうきてれつ》な履物《はきもの》と思われ、さっぱり売れなかった。困ったこの会社は、当時足袋を履いて作業していた炭鉱《たんこう》に目をつけ試作品を提供した。これがうまくいき、やがて、屋外作業にいいというので広く履かれるようになった。つまり、はじめは、地下で作業する炭鉱で履いたから地下足袋なのである。

123 温度をあらわす二つの目盛り、摂氏と華氏は、なぜ「氏」なのか？

われわれ日本人が使っている摂氏《せっし》（℃）の温度目盛りは、１気圧での水の氷点《ひょうてん》と沸《ふっ》点《てん》の間を１００等分したものだ。この方式は１７４２年、スウェーデンのセルシウス（Celsius）が考えたので、その名前を中国語で表記した「摂爾修斯」から取って摂氏とした。「氏」は丁寧語《ていねいご》である。では、Ｃも同じくセルシウスからかというと、そうではない。セルシウス方式は氷点１００度、沸点０度だったので、これでは不便と、フランスのクリスタン（Christin）が氷点を０度、沸点を１００度にあらためた。その名前からＣとなった。

一方華氏《かし》は、やはり、１７２４年にこれを考案したドイツ人のファーレンハイトの中国語読み「華倫海」から取った。こちらも「氏」は丁寧語だ。１気圧での水の氷点を32度、沸点を２１２度とし、その間を１８０等分したもので、主に英語圏で使われている。摂氏（Ｃ）と華氏（Ｆ）の関係は、Ｆ＝９／５Ｃ＋32。摂氏０度は華氏32度となり、摂氏100度は華氏212度となる。

124 料理のコツという時の「コツ」とは何か？

コツは漢字で書くと「骨」だ。骨は人体の基本だから、そこから意味が広がって、いろいろなことの基礎、その道の奥義、ものごとの勘所《かんどころ》の意味となった。ならば、漢字の骨でもいいわけだが、骨をコツと読むと、遺骨《いこつ》と勘違いするので「コツ」「こつ」とカタカナやかな表記にしている。

125 クローバーの和名は、なぜ「シロツメクサ」か？

「シロツメクサ」は「白詰め草」である。1846年、オランダがカットグラスのランプ、花瓶などの工芸品、オランダ国王の像などを贈り物として日本に送ってきた。『竹園草木図譜《ちくえんそうもくずふ》』という資料によると、これらの荷物は外箱と内箱の2重の箱に入れられ、その隙間には枯れ草がふんわりと詰めてあったという。

この枯れ草についていた種をまいたところ、その年に白い花が咲いた。詰め物だった草なので「詰め草」と呼ぶことにしたといった意味のことが書いてある。春に白い花の咲く西洋クローバーである。

126 土筆煮て飯食ふ夜の台所（正岡子規）「つくし」は食べられるのか？

春になると、土手やあぜ道、原っぱにつくしが生え、昔は、摘《つ》んで帰って煮て食べた。袴《はかま》を取って、茹《ゆ》で、灰汁《あくぬ》抜きをし、出汁《だし》でやわらかく煮た。佃煮《つくだに》にしてもおいしい。今でも山菜《さんさい》料理として人気がある。また、最近、花粉症に効果のあることがわかり、つくしのエキスで「つくし飴《あめ》」も作られている。

日本大学が行った調査では、この飴で花粉症の症状が60パーセント改善されたという。昔から生薬《しょうやく》としても使われていたが、新たな薬効が発見されたわけである。煮て食べても効くという。

127 「あの人は気が置けないから会うと疲れる」は何が変？

今はほとんど使われないが「気が置ける」という言い方があり、これは、打ち解けられない、遠慮《えんりょ》がちになるという意味である。「気が置けない」はその否定形だから、打ち解けて遠慮会釈《えしゃく》の必要がないということだ。

だから見出しの、「気が置けない人に会うと疲れる」というのは逆転した使い方である。変だ。ただ、最近は「秘書課のあの人は社長とツーカーだから気が置けない」というように、つき合いにくい人の意味で使われてもいる。

128 世界第2位の高峰はK2だが、山の名前か？

日本一の高峰は富士山だが、2番目はあまり知られていない。標高3193メートルの南アルプス・北岳《きただけ》である。では、世界で2番目に高いのは？ カラコルム山脈のK2である。カラコルム山脈はインド、パキスタン、中国の国境に横たわるアジアの大山脈である。1856年からインド測量局が無名の山にカラコルム（Karakoram）山脈の頭文字Kを取ってK1、K2、K3……と測量番号をつけた。その後、それぞれの山にはちゃんとした名前がつけられたが、K2だけは、新たな名前はつけられずなぜかそのままそれが山名になっている。K2の三角点測量による標高は8611メートルだが、人工衛星とレーザー光線を使った測定ではエベレストより高い数値が出ているといわれている。本当は世界で一番高い山かも知れない。

129 「社長の逆鱗に触れた」という時の「逆鱗」とは何のこと？

逆鱗《げきりん》とは、中国で古くから霊獣《れいじゅう》としてあがめられている竜《りゅう》のあごの下に、1枚だけ逆さ向きに生えている鱗《うろこ》のことだ。中国・戦国時代に書かれた『韓非子《かんぴし》』に「竜は普段はおとなしく背中に乗ることさえできる。しかし、のどに逆向きに生えた鱗に触れると怒って、触れた人を殺してしまう。君主の心にもこの逆鱗のようなものがあるので、意見をいう時はそれに触れないよう気をつけなくてはならない」と書かれている。

今なら、君主は社長や上司ということだろう。

130 「がんもどき」とコロッケは似ているが、どういう関係？

おでん種として人気の「がんもどき」は、豆腐をつぶして中にゴボウ、ニンジン、キクラゲなどを混ぜ油で揚げて作るが、その味が美味で、雁《がん》（＝カモ）の肉にも負けないくらいだというので「がんもどき」という。

同じものを関西では「ひりょうず」という。これはもともとポルトガル語でコロッケのことだ。漢字で飛竜頭と書くが当て字である。

131 「ぼた餅」と「おはぎ」は同じものか違うものか？

うるち米ともち米を混ぜて炊《た》き、軽くついてまるめ、あんこやきな粉をまぶしたもので、昔は彼岸に家で作って仏壇《ぶつだん》に供えた。そして、その呼称は「ぼた餅」と「おはぎ」の二つがあるが、一般には、春の彼岸のものは牡丹《ぼたん》の花にちなんで「ぼた餅」、秋の彼岸のものは萩《はぎ》に

ちなんで「おはぎ」といっている。あんこで包んだものを「ぼた餅」、きな粉をまぶしたものを「おはぎ」ということもある。決まりはない。

132 「わが社は今、危急存亡の秋だ」は、何と読むか？

「ききゅうそんぼうのあき」ではない。中国・三国時代の諸葛亮《しょかつりょう》（諸葛孔明《こうめい》）が書いた『出師表《すいしのひょう》』にある一文。これは、戦いに向かう前、主君に上奏《じょうそう》した遺書のようなもので「これ誠に危急存亡の秋なり……」とある。秋には「大切な時」という意味があり、「ききゅうそんぼうのとき」と読む。

133 「ありがとう」はなぜ、「有難う」、つまり「有難し」か？

「ありがとう」は「有難」という漢語を「ありがたし」と読んだのが始まりである。しかし、これは、もとは感謝の言葉ではなく、例えば『源氏物語』では、読んで字のごとく「ありえない」「世にも稀《まれ》な」という意味で使われている。そこから、ありえないことを起こすのは神仏であることから、「ありがたし」は「ありがたくございます」と丁寧になり、感謝の言葉となった。これを多用したのは、主君から褒美《ほうび》をもらった時、精一杯感謝の気持ちをあらわさなくてはならない武士たちだった。彼らの間で「ありがたき仕合《しあわ》せに存じます」が頻繁《ひんぱん》に使われ、後に、庶民《しょみん》に広がった。

134 誰も居ないことをいう「もぬけの殻」は何の殻か？

居ると思って踏み込んだら「もぬけの殻《から》」だったというが、「殻」というからには本来そこに何かがいたのである。では、何がいたか？　それはヘビやセミである。脱皮して本体はどこかに行き、殻だけが残されているのだ。それと同じように、捜査員が犯人の家に踏み込むと、犯人はもちろん、身の回りの品々までまるでなくなっていることがある。そんな時に「もぬけの殻」というわけである。中身がどこかに行ってしまったのだ。

135 春一番は立春過ぎの強風である。では、春二番はあるか？

1859年（安政6年）の初春、壱岐《いき》（現在の長崎県壱岐市）・郷ノ浦《ごうのうら》の漁師が漁をしている時、突然、強い南風が吹いて53人が遭難死するという事故があった。この時から、壱岐では春初めに吹き荒れる南風を「春一番」と呼んで恐れた。日本海を進む低気圧に南の高気圧から風が吹き込んで起こる現象である。その他の地方でも、春先の気圧配置から強風の吹き荒れる日があり、「春一番」はその後広く使われるようになった。1976年にはキャンディーズの『春一番』が大ヒットし、その後、全国的に春先の強風を「春一番」というようになった。「春一番」の後、桜の咲く頃にも強風の吹くことがあるが、これは「春二番」と呼ばれる。統計的には4月4日頃だ。

136 落ち目のことを「左前」というが、「右前」とどう違うか？

「左前《ひだりまえ》」とは、着物を着る時の「左下前《ひだりしたまえ》」のことである。普通、着物は右側の襟《えり》から裾《すそ》までを下前に合わせ、その上に、左側を合わせて着る。これが「右下前《みぎしたまえ》」（右前）の普通の着方だが、この逆が「左下前」（左前）である。つまり、普通ではない着方ということになる。普通でないとは、亡くなった人（遺体）に着せる死装束《しにしょうぞく》である。死装束をまとうと、そこで「おしまい」になる。だから「左前」イコール「落ち目」の語源となった。

137 「この日本酒はコクがあってうまい」というが、「コク」とは？

酒や醬油《しょうゆ》の出来栄《できば》えを評する時「コクがある」という。それは、甘いとか、辛いとか、すっぱいとかいうのではなく、うまいに近いがただうまいのではない、いわくいいがたいものだが誰もが納得できる味のことをいっている。ビールのコクもそうだ。

これは漢字で書くと「極」と書く。極まったという意味だが、それがどんな味かといったら、酒、醬油、ビール、味噌《みそ》、それぞれである。すべての味がうまく調和した極上の味ということだ。

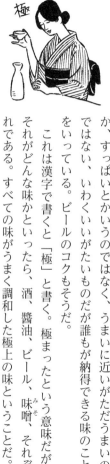

138 「二進も三進もいかない」とは、何が、どうなることか？

「にっちもさっちもいかない」と読む。もともとはソロバンの用語で、二進は2÷2、三進は3÷3のことだ。どちらもスムーズに割り切れる。ちゃんと計算できる。だから、それが「いかない」とは、スムーズにいかない、ちゃんといかないということである。行き詰まってしまうことだ。

139 「一番違いで当たりくじを逃し、ほぞを噬む」の「ほぞ」とは？

10枚連番で宝くじを買って、次の一番違いで1億円を逃したら、もう10枚買っておけばよかったと「ほぞを噬《か》む」だろう。ほぞは臍、「へそ」だから噬むことができない。すなわち、どうしようもないことの喩《たと》えだが、どうしても、そのことを悔やまざるをえない。

140 もともと、スジコもタラコもキャビアも「イクラ」である。どういうことか?

寿司屋でイクラを頼むと軍艦巻《ぐんかんま》きで出てくる。このイクラは鮭の卵であるスジコの卵巣膜《らんそうまく》を取り、一粒一粒を分離させて塩水と真水《まみず》で洗い、オリーブなどの油で光沢をつけたものだ。塩漬《しおづ》けや醤油漬けにしてそのまま食べてもうまい。しかし、イクラとは本来、鮭の卵だけを指す言葉ではない。ロシア語で「粒状の卵」という意味だからだ。だから、スジコもタラコもカズノコもイクラである。英語ではキャビア、フランス語ではカビアだ。イクラの中で、一番高価で珍重されるのはチョウザメの卵、ヨーロッパのグルメたちの垂涎《すいぜん》の的である。これがいわゆるキャビアである。

141 ビールの語源は英語かドイツ語か?

日本語のビールは英語の beer でもドイツ語の Bier でもなく、オランダ語の bier

が起源である。１６１３年、長崎の平戸《ひらど》にもたらされたのが最古の記録。１７２４年にオランダの商船使節団が江戸に入り将軍吉宗《よしむね》に献上した。西洋の文化を紹介した『和蘭問答《わらんもんどう》』（同年刊）の著者が、この使節団のビールを口にし、感想を書き残している。「麦酒《ビール》たべみ申候《もうしそうろう》ところ、ことのほか悪《あ》しきものにて何のあじわいも御座《ござ》なく候」。

ビール作りは紀元前４０００年頃、古代メソポタミア文明のシュメール人によって始められ、紀元前３０００年頃エジプトに伝わり、その後、ギリシャ、ローマに広がって世界中で飲まれるようになった。

142 植物の名前、「慈姑」と「木通」は何と読む？

「慈姑」は正月のおせち料理に入っている「くわい」だ。正月の頃に発芽するので「芽が出る」と縁起かつぎでおせちに使われる。これを食べるのは中国と日本だけで、ヨーロッパでは葉や花を観賞するために栽培している。

次に「木通」は秋に紫の実をつける「あけび」だ。実の中には甘いゼリー状の果肉に包まれた多数の米粒大の黒い種があり、果肉は食べられる。

143 なぜ、イケメンは二枚目、ハチャメンは三枚目か?

歌舞伎の興行が行われる際、昔は、一座の代表的な役者の中から8人を選んで似顔絵を描き芝居小屋《ごや》の前に並べていた。一枚目には一座で最も人気と実力を備えたスター役者を置いた。二枚目にはイケメン役者、三枚目はハチャメンの道化《どうけ》役者、四枚目は演技派の実力者と来て最後の八枚目は座頭《ざがしら》と呼ばれる一座のトップが並んだ。そこから、二枚目は色男の美男子を指すようになった。

144 ディスカウント・セールとバーゲン・セールは違う?

二つともデパートなどでの「特売」という意味で使われているが、本来、ディスカウント・セールは定価を割り引いて売ること、これに対して、バーゲン・セールは掘り出し物を売ることだ。

値打ちものが手に入るかも知れないのは、バーゲン・セールである。

145 冬至カボチャというが、なぜ冬至にカボチャを食べるか？

冬至《とうじ》は一年で一番夜の長い日である。昔は神様がめぐり来て、この日から春に向かうとされ、野菜を供えたり、餅をついたり、柚子湯《ゆずゆ》に入ったりといろんな行事をしていた。その一つがカボチャを食べる風習である。

冬まで保存がきくカボチャにはβ-カロテンがたくさん含まれ、皮は硬いが時間をかけて煮るとやわらかくなる。サツマイモと同様でんぷんを糖に変える酵素を含んでいるので甘みが強い。風邪を予防するという意味合いもある。

146 四字熟語の「自我自賛」は明らかな間違い。なぜ？

自分で自分をたたえるという意味の四字熟語だが、正しくは自画自賛である。掛け軸や屏風《びょうぶ》は、画を描いた人とは別の人が、画に添える詩文《しぶん》を書くのが一般的。しかし、中には自分で詩文を書く人もいた。賛というのは「賛辞《さんじ》」の賛ではなく、画に添えられた詩文のことである。そこから、自分の画を自分でほめる、自分を自分でたたえるという意味が生まれ、そのため「自我自賛」と間違えて覚える人がいるのである。

147 酔ったり、疲れてフラフラになったりすることをなぜグロッギーというか？

イギリス海軍では1742年頃まで兵隊たちに毎日1デシリットルのラム酒を支給していた。ラム酒は糖蜜《とうみつ》を蒸留《じょうりゅう》して造った酒だが、強いのでそんなにたくさんは飲めない。

ある時、このラム酒を同じ分量の水で割って飲むことを考えた海軍提督《ていとく》がいた。その人はいつもグロッグラムという布地《ぬのじ》の上着を着ていたので、この水割りはグロッグと名づけられた。ストレートより口当たりがいいのでいくらでも飲め、飲みすぎてフラフラになる者が続出した。そこからグロッギーという言葉が生まれた。後に、酔うだけでなく、疲れてフラフラになることもグロッギーというようになった。

148 「あの言い方には怒り心頭に達した」は間違い。どこが？

腹が立つことを「頭にくる」というので、怒りも心頭《しんとう》に達する（くる）と思うかも知れない。しかし、心頭は心のてっぺんとか体のてっぺんではない。

てっぺんだったらそこまで怒りが達することになるが、心頭は「心の中」とか「胸のうち」のことだから、怒りはすでにそこにある。すでにそこにある怒りを外に出してあらわにするのだから、「怒り心頭に発する」でなくてはならないのである。

149 スキャンダルをスッパ抜くの「スッパ」とは何のこと？

スッパとは漢字で素破とか透破と書き、鎌倉時代末期に活躍した楠木正成《くすのきまさしげ》が召し抱えていた伊賀《いが》忍者48人衆のことである。正成はこれを3班に分け、京、浪速《なにわ》、兵庫に配して情報収集の任務に当たらせた。忍者だから神出鬼没《しんしゅつきぼつ》、いろんなところから極秘の情報を取った。そこから、極秘の情報を手に入れることを「スッパが秘密を暴《あば》く」

というようになり、「スッパ抜く」という言葉が生まれた。

150 しづかさや湖水の底の雲のみね（一茶）「雲のみね」とは何のことか？

これは容易に想像できる。入道雲《にゅうどうぐも》だ。夏の季語である。学名は積乱雲《せきらんうん》という。夏の強い日差《ひざ》しで地表付近の温度が高くなると、上空との温度差が大きくなって大気が不安定になる。この不安定を解消しようと上昇気流が起こり、もくもくと成層圏《せいそうけん》（高度5000メートル）に達する入道雲ができる。1万メートルに達するものもある。きわめてくっきりした輪郭《りんかく》を持つ巨大なその姿は、まさに山の峰《みね》のように見える。入道雲の中では上昇気流に乗る雲粒《うんりゅう》と引力に引かれて落下する雲粒がぶつかり、摩擦《まさつ》して静電気《せいでんき》が生まれる。そして、電圧《でんあつ》が高まると放電《ほうでん》し雷となるのである。

151 この四字熟語「画竜点晴」はどこが間違っているか？

正しい四字熟語は「画竜点睛」と書き、「がりょうてんせい」と読む。「がりゅうてんせい」ではない。見出しの漢字の四字熟語のどこが違うのかは、目を凝らさなくてはわからない。「晴」ではなく「睛」。「睛」はひとみである。

これは、昔、中国のお寺の壁に竜を描き、最後にひとみをいれたところ竜はたちまち天に昇ったという故事から来た。一番大切なことのたとえである。大事なひとみを描き入れるのだからして「点晴」ではなく「点睛」でなくてはならないのである。

152 画竜点睛の反対の漢字熟語は何か？

画竜点睛とは一番大切なところを仕上げるということだから、その反対は、一番大切でないところ、すなわち、どうでもいいつけ足しということになる。蛇足《だそく》だ。

昔、中国の楚《そ》で、一人分しかない酒を数人の男が囲み、誰が飲むか騒いでいた。そ

して相談の結果、蛇《へび》の絵を最初に描き上げた者が飲んでいいことにまとまった。よーいどんで描き始めると、すぐ一人が描き終わった。その男は、みんなが遅いので蛇に足まで描いて酒を手にした。すると2番目に描き上げた男が、酒を奪い取り、「蛇に足などあるものか。その絵は蛇じゃない」といって飲んでしまったのである。

153 どこまでも一緒という「一連托生」は、この漢字表記では間違い？

「この汚職《おしょく》事件では、政治家Aも官僚Bも業者Cも同罪だ」という場合、みんな連なって次々に捕まるので一連托生と書いてしまいそうだが、間違い。一蓮托生である。

蓮の字でわかるように、これはもともと仏教用語だ。本来は、あの世に行っても同じ蓮華《れんげ》（仏の世界）に身を託《たく》しましょうという穏やかな意味の言葉だった。それが、「地獄《じごく》の底まで一緒」という穏やかならざる使い方となったのは、大正時代に原敬《はらたかし》が首相だった時、文部大臣の失言が原因で進退を問われ「一蓮托生だ」と答弁してしまってからだ。みんな同じ責任、同じ運命という意味がここで新たに加わった。

154 失敗した時「おしゃかになる」というが、「おしゃか」とは？

おしゃかはお釈迦《しゃか》様である。ありがたいお釈迦様がなぜ失敗なのか。これは江戸っ子でなければわからない。金属職人はハンダづけ加工をするが、この時、火が強すぎるとハンダが溶けてうまくくっつかない。失敗だ。すると江戸の金属職人は「火《ひ》が強かった」というつもりで「しが強かった」と発音する。「ひ」を「し」と取り違える江戸なまりだ。これは「4月8日」とも聞こえる。で、4月8日はお釈迦様の誕生日だから、駄じゃれで、「お釈迦になった」というようになったといわれる。

155 ヒマワリの花は本当に太陽の方を向いて回るか？

ヒマワリはもともと北アメリカで「インディアンの花」といわれていたものが、スペイン人によってヨーロッパに伝えられた。種子から植物油が取れ、また、そのままでも食べられるというのでフランス、ロシア、ウクライナなどでは広大なヒマワリ畑で栽培が行われている。ウクライナは、ソフィア・ローレン主演の映画『ひまわり』の舞台にもなった。

ヒマワリは、太陽の向きに首を回す不思議な花ということでつけられた和名だが、この動きはつぼみの期間の生長期だけの現象で、花が咲くと動かなくなる。

156 カンガルーは現地語で「わしゃ知らんよ」だという俗説があるが、ウソ?

キャプテン・クックが1770年頃オーストラリアを探検した時、奇妙な動物を見かけ、現地人に、「あれは何だ」とたずねたところ、「カンガルー」と答えたので、その動物の英語名がカンガルーになったという逸話がある。

しかし、この話はウソである。現地語でカンガルーとは「跳ぶもの」という意味で、それがそのまま動物名になったのだという。

157 初夏のサラブレッド雌雄《しゆう》混合3歳馬の競馬を、なぜ、ダービーというか？

ダービーはイギリスのクラシック競馬3冠《さんかん》の一つで第2冠レースのことだ。1780年にダービー卿、イギリス・ジョッキー・クラブ会長のバンベリー卿らによってロンドン郊外のエプソム競馬場で創設された。ダービー卿はこの競馬にジョッキー・クラブ会長のバンベリー卿の名をつけるよう主張したが、バンベリー卿は田舎の無名レースに自分の名が残ることを嫌って、結局、コインくじをやりダービー卿の名が冠されることになった。

バンベリー卿に先見《せんけん》の明《めい》があれば、今日、ダービーではなくバンベリーといわれていたかも知れないのである。イギリスでは「ダービーで優勝するのは一国の宰相《さいしょう》になるより難しい」といわれ、勝者はその栄誉《えいよ》を永くたたえられる。

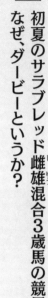

なお、第1回ダービー（1780年）の優勝馬はバンベリー卿の所有馬ダイオメドだった。

158 手塩にかけて育てるの「手塩」とは何のこと？

「手塩《てしお》にかけた娘を嫁にやる」という。他人の手を借りず、自分で大切に育てた娘ということだが、なぜ「手塩にかける」が「自分で大切に育てる」につながるのだろうか。それは「手塩」に「他人任せにしない」という意味があるからである。

昔の食事は、ご飯中心でおかずは添え物だった。だから味つけも手の込んだことはしない。そこで、お膳には小皿に盛った塩が出され、自分で好みの塩加減にして食べた。これが「手塩」だ。そこから「他人の手を借りない」という意味が生まれた。

159 なぜ松竹梅は、正月や、めでたい日に飾られるか？

門松《かどまつ》に松と竹を配し、床の間に梅の生花《せいか》というのが正月飾りの定番《ていばん》だろう。松を飾

るのは一年を通じて濃い緑に勢いがあるので不老長《ふろうちょ》寿《うじゅ》に通じ、しかも、格調が高い、信義に厚いなどの意味があるからだ。竹はグングン生長し、また筒《つつ》の中が空洞になっていることから心身が潔白で正直であることを示す。梅は寒さに負けず美しい花を咲かせることから、忍耐、努力を象徴しているとされる。

正月に門松を置いたり、注連縄《しめなわ》を飾ったりするのは、正月にやって来る年神様をお迎えするためのものである。これらは依《よ》り代《しろ》といわれ、神様が訪れたときに依り憑《つ》くためのものとされている。

160 選挙前、当落の下馬評が流されるが、この下馬評の「下馬」とは？

江戸時代、諸大名は江戸城に登城《とじょう》する時、桜田門か大手門を通ることになっていた。門前にはそこから先は馬ではなく徒歩で行くことを示す下馬札《げばふだ》が立っていた。この下馬札のあるところは下馬先という広場である。

そこには待合室のような席があって、供《とも》の侍や駕籠《かご》の担《かつ》ぎ手《て》が主人の帰りを待っていた。もちろん黙って待っているのではなく、雑談に花が咲く。時には人事、大名の国替《くにが》えなど重大な噂も飛び交ったといわれる。小耳にはさんだだけの情報もあるだろう。このように、下馬先での雑談情報にはいろいろなものがあり、それらの話をまとめて下馬評といった。

161 事前に示し合わせたインチキ勝負を、なぜ八百長というか？

明治の初め、東京・両国《りょうごく》の回向院《えこういん》あたりに、八百屋《やおや》の長兵衛《ちょうべえ》という男がいた。この男、大相撲の親方だった伊勢《いせ》ノ海五太夫《うみごだゆう》と囲碁《いご》仲間だったが、いつも負けてばかりだった。ところが、回向院近くの碁会所《ごかいしょ》開きで、来賓《らいひん》で招かれていた、名人の本因坊秀元《ほんいんぼうしゅうげん》と対局《たいきょく》したおり、つい本気を出して互角の勝負をしてしまった。相当の腕であることがバレたわけだ。伊勢ノ海には野菜を買ってもらいたくて、ご機嫌取りでわざと負けてい

たのである。

このことから、真剣をよそおいながらわざと負けることを八百長というようになった。もともとは相撲のインチキをいっていたが、その後、競輪、競馬、その他さまざまな勝負事でも使われるようになった。

5章

「こんにちわ」と挨拶するのに、なぜ、「こんにちは」と書く？

162 酔っ払いのくどくど話を、なぜ「管を巻く」というか？

酔っ払いは、同じ話を繰り返し繰り返し、眠くなるまで繰り返すものだ。でも、なぜこれを「管を巻く」というのか？　手織りで木綿の布を織っていた昔、糸車《いとぐるま》の管《くだ》に糸を巻《ま》きつけることを「管巻き」といった。手作業だから、ハンドルをゆっくり回しながら同じ動作を繰り返す。その様子が、酔っ払いが同じ話をくどくど繰り返す様と似ていたので、「管を巻く」という言葉が生まれた。

163 カレーライスにつき物の「福神漬け」はなぜ「福神」か？

インド人シェフが作る料理店のカレーには福神漬《ふくじんづ》けがないので食べた気がしないという人もいるくらい、日本ではカレーライスと福神漬けはワンセット・メニューだ。その福神漬けを考案したのは東京・上野の野田清右衛門といわれる。

その宣伝文句には、「この漬物《つけもの》を食べると、おかずを食べなくてもよくなる。だから金がたまって福が舞い込むだろう」と書いてあった。お金がたまる福の神というわけだ。カレーライスに添えられたのは、大正時代、欧州航路の客船で出されたのが最初といわれる。評判がよかった。

164 孑孑や松葉の沈む手水鉢(正岡子規) 「孑孑」は夏の季語だが、何だろうか？

ボウフラである。子規の句は、松の枯葉が沈んでいる手水鉢《ちょうずばち》に何やら動いているものがいる。よく見るとボウフラだったというものだが、ボウフラがわき、松葉が沈んでいるのは、暑さにかまけ水を替えなかったからである。手水鉢は手洗いの水をためておく鉢だが、水道が今ほど完備していなかった明治、大正、昭和から戦後しばらくまで、各家庭の台所や手洗いに置かれていた。ボウフラは蚊《か》の幼虫。

水中で泳ぐ様子が棒を振っているように見える。

蚊は水面に卵舟《らんしゅう》と呼ばれる卵塊《らんかい》を産卵《さんらん》する。4~5日で孵化《ふか》してボウフラとなる。ボウフラは水面で空気呼吸をし、水中に潜水《せんすい》して餌を食べる。２週間くらいでオニボウフラと呼ばれる蛹《さなぎ》になり、脱皮して成虫となる。

165 「こんにちわ」と挨拶するのに、なぜ「こんにちは」と書く？

「こんにちは」は、もともとは「今日《こんにち》は、お日柄もよろしく」といっていた挨拶の、後半を省略したものだ。「こんばんは」も「今晩は、暖かいですね」「今晩は、気持ちいいですね」などの、後半を省略したものである。だから「わ」でなく「は」だ。人と人とが会った時、いきなり用件に入ることはまずない。時候《じこう》の挨拶からである。

166 雁風呂や海荒るゝ日は焚かぬなり（高浜虚子）「雁風呂」とは何か？

津軽《つがる》地方に伝わる伝説によると、雁《がん》は北の国から海を渡ってくる時、途中、海上で羽を休めるため木片をくわえて飛ぶという。そして、津軽の外《そと》が浜《はま》に着くと木片を落としていくが、春になってまた渡りに出る時、その木片をくわえて飛ぶ。が、雁が飛

び立った後、何本かが残されている。猟師に捕獲《ほかく》され無事に冬を越せなかった雁のものだ。村人はその雁を哀《あわ》れみ、木片を拾って、供養のため風呂を焚《た》いたという。

167 サボテンはせっけんのポルトガル語サボンと関係あり?

江戸時代初期、オランダ人によって植物のサボテンが持ち込まれた。今でいう、ウチワサボテンの一種だったといわれる。しかし、当時、植物名は伝えられなかったので、日本で名前がつけられた。サボテンだ。なぜサボテンかというと、せっけんに似ていたからである。せっけんは当時サボンといわれていた。ポルトガル語のサボンがそのまま使われていた。どこが似ていたかというと、その汁で油や汚れがよく落ちる。つまり、どちらも汚れ落としだからサボンがサボテンになった。

168 昔は、ちくわはかまぼこだった?

かまぼこという名称は湖水や沼に生える蒲の茶色の花穂《かすい》に似ていることからつけら

れた。蒲の花穂を知っている人は、どこが似ているのかと思うだろうが、昔は、竹や棒切れにナマズなど魚のすり身を筒型に巻いて焼いたものがかまぼこだった。今のちくわである。

　この形のかまぼこは室町時代からあった。しかし、安土桃山時代に、板かまぼこが登場してから、この元祖かまぼこは「ちくわ」となったのである。

169 目黒のサンマは本当においしかったのか？

　170年ほど前の江戸時代後期に話が作られたという落語の「目黒のサンマ」は、ある殿様《とのさま》が遠出《とおで》で目黒に行き、農家で休憩した時に出されたサンマの味が忘れられず「サンマは目黒に限る」といった、という笑い話だ。目黒でサンマが捕れると思い込んだ殿様の非常識と腹が減っていれば何でもおいしいという教訓とが盛り込まれた落語である。が、当時、目黒のサンマは本当においしかったのだともいわれる。

　冷蔵技術がない時代のこと、捕ったサンマにはすぐ薄塩《うすじお》が施《ほどこ》されるが、目黒で焼かれる頃はちょうどいい塩加減になっていたというのである。江戸時代には今の浜松町から田町に至るあたりが芝浜といわれ、魚の市場があった。そこにあがったサンマが目黒で焼かれたのかも知れない。

170 「旬の食べ物はおいしい」という「旬」とは何か？

古代といってもいいくらい昔だが、宮中で孟旬《もうしゅん》という年中行事が行われていたことがある。天皇が紫宸殿《ししんでん》で臣下から政治の話を聞き酒を賜《たまわ》ったのである。毎月、何回か行われていたが、平安中期から4月1日と10月1日の2回となった。4月を孟夏《もうか》の旬、10月を孟冬《もうとう》の旬といった。この時、天皇から賜るものを「旬のもの」といい、これが転じて季節的に食べ頃の野菜、魚を指すようになったのである。孟旬の孟とは鉢《はち》や椀《わん》のことだが、この場合、食べ物も含まれていた。

171 江戸前寿司、江戸前料理の「江戸前」とは何のこと？

魚は鮮度が勝負である。特に握《にぎ》り寿司は鮮度が落ちると生臭《なまぐさ》くなる。だから冷蔵技術も交通も発達していなかった江戸時代は、地方から運んできた魚より、地元の新鮮な魚が歓迎された。江戸の場合、地元でとれた魚が江戸前で、かつては芝浦《しばうら》の沖で漁が行われていたから芝肴《しばざかな》といわれた。1721年（享保6年）に書かれた『吾嬬路記《あずまのみちのき》』（貝原益軒《かいばらえきけん》・谷重遠《たにしげとお》共著）に記されている。江戸前となったのは宝暦《ほうれき》年間（1751〜1764年）以降からで、漁場も品川沖から今の東京湾の広い海域となった。

最近は東京湾全域からさらにその近海で取れた魚も江戸前といい、寿司屋ではマグロなど、そうでない魚も江戸前の握りとして出されている。上方料理に対しての東京料理を江戸前といっているようだ。

172 東京駅の丸の内はお城側の出入り口。では、八重洲は？

東京駅周辺には、丸ビルをはじめ高層ビルが林立し様変わりしてしまった。しかし、東京駅の西側の丸の内口、東側の八重洲口の名は昔のままだから迷うことはない。で、丸の内というのは江戸城（皇居）の側だからわかるが、八重洲とは何のことか？

これは人名から来た地名である。1600年（慶長《けいちょう》5年）、日本に初めてオランダ人がやってきた。その人は、オランダ船でイギリス人航海士ウィリアム・アダムス（三浦按針《みうらあんじん》）とともに豊後《ぶんご》（大分県）に漂着したヤン＝ヨーステン・ファン＝ローデンスタイン。ヤン＝ヨーステンが名前である。

彼は三浦按針とともに家康に召し出され、そのまま日本にとどまって日本人と結婚した。彼は家康から和田倉門《わだくらもん》外に屋敷を与えられた。元禄《げんろく》の頃には、この屋敷のあったあたりは、ヤン＝ヨーステンの名にちなんで八代洲河岸《やよすがし》と呼ばれた。つまり当初、八重洲は東京駅の西側（丸の内側）だったのだ。その後、東京駅周辺の地名が再編され、東京駅の東側が八重洲、西側が丸の内となったのである。

173 おたまじゃくしが「変わる」からカエル？

カエルの子のおたまじゃくしは、台所用品のお玉杓子《じゃくし》（通称《つうしょう》「おたま」）に姿が似ていることから名前がつけられた。お玉杓子はもともとは滋賀県の多賀《たが》神社で参拝人《さんぱいにん》に売られていたお守りを最初「お多賀杓子」といっていたものがお玉杓子になった。

で、カエルだが、おたまじゃくしはやがて手が生え足が生えてカエルになる。すなわち「変成《かえる》」だからカエルといわれるようになった、という語源説がある。

174 「お株を奪う」というときの株は、切り株のことではない?

江戸時代以前から、ある特権を握っている人たちの集まりに「株《かぶ》」と呼ばれるグループがあった。米の仲買《なかがい》の権利を許された仲買株、両替商《りょうがえしょう》ができる両替株、札差《ふださし》株、さらに郷士《ごうし》株、名主《なぬし》株などもあった。これらの株は親から子に代々権利を譲ることが許された。江戸時代になると役所が許可を与え、特権として、その株がその人たちの得意分野をあらわすと理解された。だから、お株を奪うとは、他人の得意分野を取ってしまうことになる。今でも株は、相撲の「年寄株」という言葉に生きている。

175 イチかバチかの勝負を言い換えたとき、「乗るかそるかでやってみよう」でいいか?

ダメ。その勝負（賭け）に乗るか、乗らない（＝それる＝そる？）かという誤解があるので「乗るかそるか」と書くのだろうが誤り。ちゃんと語源がある。弓矢を作る時、竹を矢型《やがた》に入れ乾燥させるが、型から出した矢が少しでも曲がっているとまっすぐ飛ばない。そこで職人は、伸びているか反ってはいないか、勝負にかける気持ちで型から取り出した。だから、「伸《の》るか反《そ》るかでやってみよう」でなくてはならない。

176 タヌキ寝入りというが、タヌキは本当に寝た振りをするか？

タヌキはきわめて臆病《おくびょう》な動物だ。他の動物に追いつめられたり、猟銃の発砲音に驚いたりするとショックで一時的に気を失ってしまう。が、そばに行くと息を吹き返して逃げ出す。これを寝た振りをしたと解釈し、タヌキ寝入りという言葉が生まれた。

177 フリーマーケットは日本語で「自由市場」ではない？

誰でも参加でき、いくらで売っても、どこで売ってもいいというのでフリーマーケットとは「自由市場」であると誤解しているかも知れない。が、フリーマーケットはa free market ではなく a flea market で「蚤《のみ》の市《いち》」である。神社やお寺、広場で開かれるものが多いが最近はインターネット上でも行われている。

178 「寸暇を惜しまず勉強した者は合格する」は間違い？

「寸暇を惜しまず勉強した者」とは、少ししか時間のない時はほどほどにし、そうでない時に勉強した者である。そんな人は不合格になるかも知れない。本当は、少しの時間も惜しんで勉強したといいたかったのだろうから、それなら「寸暇を惜しんで」である。

179 チャンスを逃がすことを「後の祭り」というが、「前の祭り」はあるか？

ある。というか、あった。これは祇園祭《ぎおんまつり》から来た言葉である。1966年（昭和41

年）まで祇園祭は、「前の祭り」と「後の祭り」の2回に分けて行われていた。が、「前の祭り」が宵山《よいやま》、山鉾巡行《やまぼこじゅんこう》などで盛り上がるのに比べ、「後の祭り」は小規模でたいして中心になるものがなかった。だから、「後の祭り」はつまらない。そこから、がっかりする、時機を逃すといった意味が生まれた。

180 秋の日はつるべ落としというが、「つるべ」とは？

秋になると日が短くなる。冬至に近づくとますます短くなって、日が西に傾いたと思ったら、あっという間に暗くなる。その様子を「つるべ落とし」というが、つるべは漢字で「釣瓶」である。今は井戸がないので見かけないが、釣瓶は綱や竿《さお》の先につけて井戸水を汲《く》み上げる桶のことだ。平安時代まではつぼ型の土器を「瓶《べ》」といい、それを綱で釣るので「釣瓶」といった。後に、瓶は土器ではなく木製の桶になったが、つるべの呼称はそのまま残った。井戸水を汲む時、「つるべ」は水面めがけてまっ逆さまに落ちていく。

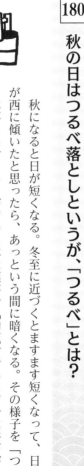

181 「彼は、いつもしたり顔で話に口をはさんでくる」は間違い。なぜ？

「したり顔」を「知たり顔」と思って、事情をよく知っているような顔で人の話に口をはさむというのは意味が違う。「したり」は動詞「為」の連用形「し」に助動詞「たり」をつけたもの。だから、「したり顔」はしてやったり、成功したという顔、今でいう「どや顔」である。「合格発表で掲示板を心配そうに見ていた息子の顔が、振り向いたとたん『したり顔』に変わり、ついで満面の笑みになった」というのならいい。

182 「無手勝流」とは、がむしゃらに攻めて勝つことではない？

「無手勝流」の字面《じづら》を眺めると、無茶な手を使って勝つ自分流儀と読み取れなくもない。だから「あの人の仕事のやり方は、がむしゃらの無手勝流だ」といったりもする。しかし間違いだ。その意味は、手（武器）を使わず頭を使って勝つことだからだ。

1500年代前半の戦国時代、剣豪《けんごう》・塚原卜伝《つかはらぼくでん》が川で船に乗っている時、同乗していた武士から真剣勝負を挑まれたことがある。その時卜伝は、「では、あの中州《なかす》で」といって相手を先に下ろし、自分は船に乗ったままそこを離れた。そして、「戦わずして勝つ、すなわち、無手勝流の極意」といったという。頭で勝ったのである。

183 なぜ、バカ（馬鹿）の漢字は、馬と鹿か？

バカと馬と鹿の関係は何か。『史記《しき》』によると、秦《しん》の2代目皇帝の時代、丞相《じょうしょう》の趙高《ちょうこう》がある時、「これは馬です」といって鹿を献上した。皇帝は「これは鹿ではないのか」と問い返したが、趙高を恐れる臣下たちは皆「馬です」と口をそろえた。この史実から、こびへつらって平気でウソをつく輩《やから》を「馬鹿」というようになった。ただ、この説は国語学者から異議が出されている。梵語《ぼんご》で「愚か」という意味の「莫迦《ばか》」を僧侶たちが隠語として使っていた。それに、馬鹿の字を当てたのではないかという。国語辞典もこちらの説を採用しているものが多い。

184 無理を押し通すことを「横紙破り」というが、なぜ「横紙」か？

今われわれが使っている西洋紙は横でも縦でも斜めでも好きなように裂くことができるが、昔使っていた和紙《わし》は縦に漉《す》き目《め》があるので横に裂くことはできない。縦にしか裂けない。裂けないのに、裂いてしまうのだから、無理を承知でやってしまうという意味になる。14世紀前半の『源平盛衰記《げんぺいじょうすいき》』には「入道《にゅうどう》の横紙を破り……」と平清《たいらのきよ》盛《もり》入道について書いてある。無理を押し通す性格だったということだ。

185 「帽子をあみだにかぶって顔を隠した」というのはおかしい。なぜ？

帽子を「あみだにかぶる」とは、漢字で書くと「阿弥陀にかぶる」である。仏像の阿弥陀さんが光背《こうはい》を負っているように、後頭部にずらしてかぶることだ。だから顔は丸見えとなり、隠すことはできない。

高校時代に前に深くかぶったのを、何となく、あみだにかぶると思い込んでいる人は案外多い。語源を知らず、そのまま使ってしまったのだ。

186 長男を「総領の甚六」というが、「総領」とは？「甚六」とは？

長男は他のきょうだいに比べおっとりしており、時にはボーッとして見えることから「総領《そうりょう》の甚六《じんろく》」と皮肉られたりもするが、「総領」とは江戸時代の旗本《はたもと》、御家人《ごけにん》の跡取《あとと》りのことである。また、「甚六」はもともとは「順禄《じゅんろく》」で、その家の順で禄を継ぐこと。つまり、家を継ぐのに相応《ふさわ》しいかどうかでなく、長男であれば、愚鈍《ぐどん》だろうと何だろうと禄を継ぐことができるということだ。一説によると、「甚六」の「ろく」は「ろくでなし」の「ろく」とも通じているという。

187 大切にしている金品を「虎の子」というが、なぜか？

虎《とら》が子ども（虎の子）を非常に大切にするからである。そのことを物語る「虎の子渡し」という中国の故事がある。それによると虎が子を3匹産むとその中の1匹は豹になり、親がいないと、他の虎の子を食べてしまうという。そこで親は、河を渡る時は、最初に豹を背負って向こう岸に渡し、引き返して、次に虎の子を渡し、帰りに豹をもとの岸に連れ戻し、今度は、残りの虎の子を渡す。すると、もとの岸には豹が残されるので、最後に再び豹を渡すというのである。それくらい子を大切にするというのだ。この故事から、手放したくない大切な金品を「虎の子」というようになった。

188 年に一度はものに臆《おく》すな嫁が君(中村草田男)「嫁が君」は俳句の季語。何のことか？

ネズミである。ネズミは穀物を食い荒らす有害な小動物というのが一般的だが、一方、大黒様《だいこくさま》の使いとするネズミ信仰も古くからあり、正月三が日は「嫁《よめ》が君《きみ》」と呼んで、通り道に餅を供えもてなす風習がある。また、大晦日の晩にネズミの形をした餅を作り正月に祭る地方もある。

ネズミは人間の近くにいるので、有害ではあるが、パソコンのマウスになっていることでもわかるように親しみを感じさせる動物でもある。

189 客が出入りする家の入り口を、なぜ「玄関」というか？

玄関とは、もともと中国の道教や禅などの宗教用語で、「玄妙《げんみょう》の道に入る関門」を縮めたものだ。玄妙とは「奥深く微妙な真理」である。それが中国で建築用語に転用され、「奥深く幽玄《ゆうげん》な思索を行う部屋（書院《しょいん》）」の入り口となった。これが日本に来て、書院造りに取り入れられ、その入り口を玄関といったが、後に、単に入り口を指すようになった。玄関をきれいにしておくと「運が入り込む」と日本では信じられている。

190 小さな失敗を責めることを「揚げ足を取る」というが、「揚げ足」とは何か？

相撲やレスリングなどの格闘技で、相手が技をかけようと足を床から離すことがある。その揚げた足を手でつかんで上に跳ね上げ、抱えて倒すことが「揚げ足を取る」

だ。自分から仕掛けるのでなく、相手の動きに乗じて繰り出す技である。そこから相手の小さなミスを攻撃し、責めるという意味になった。

191 「育ち盛りの息子の背が、雨後の筍のように伸びる」は間違い？

筍《たけのこ》は大変な勢いで伸びるが、「雨後《うご》の筍」は伸びる勢いをいっているのではない。竹藪《たけやぶ》のあちらでもこちらでも、筍が次から次に、土中から頭を出してくる様子をいっている。だから、間違いだ。

筍が伸びるためには栄養が必要なので、その代わり、春のこの時期は竹の葉はハラハラ散る。その様子は「竹の秋」という春の季語になっている。

192 五月雨をあつめて早し最上川（松尾芭蕉）5月に大雨が降ったのだろうか？

5月は天気がよく晴れの日が多い。青空と鯉のぼりの季節だ。だから大河・最上川《もがみがわ》が急流に変じるほどの雨量があったのかと不思議だろう。しかし、この五月雨《さみだれ》の5月は旧暦だから少しずらして考えなくてはならない。五月雨とは梅雨《つゆ》である。

五月晴れ《さつきば》という言葉もあるが、これも、梅雨の晴れ間をいう。また五月闇《さつきやみ》というのもある。梅雨の雨が降り続いて昼なお暗いことだ。あるいは、梅雨雲で月が出ない夜の闇をいう場合もある。

おしあうて蛙啼《かわずな》くなり五月闇　（蓼太《りょうた》）

193　返事のないことを「梨のつぶて」というが、なぜ「梨」か？

現代版の恋の告白は、スマートフォンなどでストレートに伝えるのだろうが、昔は、和歌を書いて贈ったり、着物の袖を振ったりした。そんな告白法の一つに、つぶて（小石）を投げるというのがあった。だから、逆に、相手からつぶてが飛んでこないとは、まったく関心を持たれてないということになる。この、「つぶてがなし」がひっくり

返って「なしのつぶて」となった。梨は「なし」と音が同じということで当てられたもので、特に意味があるというわけではない。

194 「箱根では大名行列の催しが古式ゆたかに行われた」は、間違っている？

京都の時代祭《じだいまつり》、鎌倉の流鏑馬《やぶさめ》などの年中行事のニュースで時々耳にするのが「古式《こしき》ゆたかに行われた」というナレーションだ。本当は「古式ゆかしく」というべきところだが、大勢の人が昔の装束をつけているのでつい「ゆたか」といってしまうらしい。

「ゆかしく」は「昔をしのぶ」「懐かしい」という言葉だから「ゆたか」ではそのニュアンスは伝わらない。ゆかしく懐かしいから、ひかれるのである。

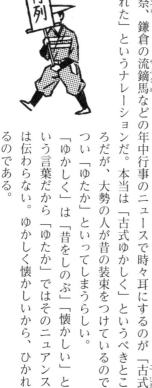

6章

「進退谷まる」は
シンタイ〇〇マルと読む

195 新入社員や駆け出しのことを新米というが、なぜ「米」か？

収穫したばかりの米を新米というが、それとは関係ない。商家に就職した奉公人は、昔は、前掛けをしていた。新入りの前掛けは新しい。新しい前掛けだから新前と呼ばれた。時代が下って前掛けをしなくなると、「前《まえ》」が音転化し「米《まい》」になったとされている。米という字は、マイと読む時は「小粒」という意味もある。駆け出し社員は小さくなっているので、新米という表現になったのであろう。

196 西郷隆盛の本名は隆永なのに、なぜ隆盛というか？

西郷隆盛《たかもり》は、少年時代は小吉《こきち》、通称を吉之助《きちのすけ》といい元服《げんぷく》時に隆永《たかなが》と改名した。だから隆永が本名である。それがなぜ、隆盛になったかというと、王政復古《おうせいふっこ》の章典《しょうてん》で位階《いかい》を授けられる時、名前の届出を頼んだ友人の吉井友実《よしいともざね》が西郷の本名を忘れてしまい、間違って父親の名の「隆盛」を届けたからである。それ以来、西郷はそのまま隆盛を名乗ることにした。司馬遼太郎氏が調べたところでは、西郷は「おいどんは隆永じゃよ」とよくこぼしていたということである。

197 天気予報の「時々晴れ」と「一時晴れ」では、どちらの晴れが長いか？

気象庁によると、「時々晴れ」は予報する時間内のうち、晴れている時間の合計が全体の2分の1以内だ。例えば、昼の12時から夜の12時の予報であれば晴れが6時間以内の時。一方、「一時晴れ」は全体の4分の1以内だから、合計3時間以内だ。だから「時々晴れ」の方が晴れは長い。

198 年賀状は郵便のなかった平安時代から行われていた？

今は、年賀状をメールや電話で済ます人も多いという。形式的でバカバカしいと出さない人もいる。それは勝手だが、年賀状をバカバカしいと決めつけるのは極端すぎると思う。日本人には言葉に対する言霊信仰《ことだましんこう》というものがあり、「おめでとう」と書いて送り、受け取ると、本当にいいことが起こるかも知れないと思う気持ちがある。その気持ちがあるから、この習慣は平安時代から行われ、賀詞《がし》を送ったり（使いが届ける）受け取ったりして、互いに、向こう一年間の健康、安全を願うのである。

199 一尺の滝も涼しや心太（一茶）「心太」とは何のこと？

トコロテンである。正倉院《しょうそういん》の御物《ぎょぶつ》の中に「心太」の文字があり、経文《きょうもん》を筆写《ひっしゃ》する写《しゃ》経生《きょうせい》への給食品《きゅうしょくひん》であったことが書かれている。奈良時代のこの時はココロテンといわれていたらしいが、平安時代になるとトコロテンとなり、伊勢、尾《お》張《わり》、阿波《あわ》など海に面した地方から租税《そぜい》として朝廷《ちょうてい》に献上されていた。江戸時代には夏の食べ物として人気を博《はく》し、蕪村《ぶそん》、芭蕉、其角《きかく》らも季語として採用している。食物繊維《しょくもつせんい》が多く整腸作用《せいちょうさよう》があるのでダイエット食品として女性に人気が高い。

200 「みんなに激を飛ばす」は、気持ちはわかるが字が違う？

「激を飛ばす」とは激励することだからこれでいいのだと思っていないだろうか。が、この慣用句は正しくは「檄《げき》を飛ばす」だから、激励するという意味はない。檄とは昔の中国で政府が出していた「おふれ」である。そこから、自分の考えを書いて公表する文書を檄文《げきぶん》といい、日本に伝わってからは、戦国武将が自分の正義を書いて、他の武将に、ともに戦うよう文書を送ることを「檄を飛ばす」といった。だから、自分の主張（正義）がなくてはならないが、最近は、単に人をはげまし、発奮させるためだけの激励も「檄を飛ばす」と慣用化されている。

201 星座のスバルはもともと日本語。その意味は？

『古事記』に「美須麻流之珠《みすまるのたま》」、『万葉集』に「須売流玉《すまるたま》」と書かれている古代人の髪《かみ》飾《かざ》りや腕飾《うでかざ》りがスバルの語源とされている。清少納言の『枕草子』に「星はすばる。

ひこ星。ゆふづつ（宵《よい》の明星《みょうじょう》）。」とあり、すでに「すばる」と呼ばれていたことがわかる。この星に初めて望遠鏡を向けたのはガリレオである。１６１０年のことだ。数十個の青い星が輝いており、その美しさに驚いたという。

実際は、１００個以上の星の集まりで、天文学ではプレアデス星団《せいだん》という。青いのは誕生後５００万年と、星の中ではまだ若いからである。夜空で輝いている星のほとんどは誕生後50億年くらい経過しているので、５００万年は若い。冬、おうし座の牡《お》牛《うし》を星空に描き、肩のあたりを見ると６～８個の星が肉眼でも見える。

202 ひどい悲しみを「断腸《だんちょう》の思《おも》い」というが、断腸とは？

１６６０年くらい前、中国・晋《しん》の桓温《かんおん》が船で蜀《しょく》に行く途中、家臣が子猿を1匹捕まえた。母猿が怒って追いかけてきたが、船は出発してしまい岸に取り残された。船が流れに乗って動き出すと母猿は悲しげな声を発し追いかけ始めた。途中であきらめるだろうと見ていたが、どこまでも追いかけてくる。１００里ほど行ったところで川幅が狭《せば》まり、岸から母猿が飛び乗ってきた。が、そこで力尽きて死んだ。その母猿の腹を桓温が家来に命じて開かせると、ひどい悲しみと怒りで腸がずたずたに千切《ちぎ》れていたという。

203 野球の試合の偵察メンバーを「当て馬」というが、どうして馬か？

昔、プロ野球でよくあったことだが、相手の先発投手が誰か、右ピッチャーか左ピッチャーか読みきれない時、先発9人の中に偵察メンバーを入れておく。たいていは登板予定のないピッチャーである。これを「当て馬」ともいうが、競走馬のかけ合わせに使われる「当て馬」から来た言葉だ。

競走馬は、いい子孫を残すため牝馬《ひんば》と血統《けっとう》のいい種牡馬《しゅぼば》をかけ合わせなくてはならない。しかし、牝馬が発情していなければ種牡馬と仲よくならない。そこで牝馬の発情の有無を調べるために牡馬をあてがい、牝馬の受け入れ態勢が整っているとわかったら、この「当て馬」は引き離して本命《ほんめい》の種牡馬とかけ合わせるのである。

204 「新規事業の責任者は君だ。社長の白羽の矢が当たった」はどこがダメ?

たくさんいる候補者の中から選ばれた時、つい白羽の矢が「当たった」と、当選者のようにいってしまうが、白羽の矢は「立った」でなくてはならない。なぜなら、昔、山の神のたたりを恐れた村人が、村の娘を嫁にさし出すことになった時、その人身御供《ひとみごくう》に決まった娘の家のかやぶき屋根に白羽の矢を立てたという伝説から来た言葉だからだ。今は「社長の眼鏡にかなった」とプラスイメージで使われるが、本来は、犠牲に出されるというネガティブな要素の強い言い回しだった。

205 伯父さん、叔父さん、小父さんは、それぞれどう違う?

伯父《おじ》さんとは父親か母親の兄に当たる人。また、父親か母親の姉である伯母さんの夫も伯父だ。父親や母親の義理《ぎり》の兄も伯父だが、この場合は義理の伯父である。父母が血のつながりのない養父母であっても、この関係は同じ。叔父《おじ》さんは父親か母親の弟に当たる人。また、父親か母親の妹の夫も叔父さんだ。さらに、父親か母親の義理の弟も叔父だが、この場合は義理の叔父である。小父《おじ》さんは、伯父でも、叔父でもない男の人を子どもが呼ぶ時に使う。伯母さん、叔母さん、小母さんも同じ関係だ。

206 「彼女の父親に結婚の許しをもらいに行ったら剣もほろろだったよ」は間違い？

荒々しく邪険《じゃけん》にすることを「剣突《けんつく》」というので、そこから連想して「剣もほろろ」となったのだろうが、「けんもほろろ」は、「けん」も「ほろろ」も雉の鳴き声だから剣とは関係ない。その鳴き声が、そっけなく断るように聞こえるので「けんもほろろ」となった。ところで、繁殖期の雉のオスは目の周りの赤い肉腫《にくしゅ》が大きくなる。そして、縄張り意識から、他のオスに非常に攻撃的となり、赤いものに鋭く反応する。だから桃太郎《ももたろう》さんは雉を

赤鬼退治《あかおにたいじ》に連れていった、という解釈もある。

207 「虎の威を借る狐」は、どうやって虎の威を借りたか？

「虎の威《い》を借《か》る狐《きつね》」は実力者の威光を借り威張ることだが、これは、中国・前漢時代の書『戦国策《せんごくさく》』の話がもとになっている。

ある日、狐が虎に捕まった。観念した狐は知恵を働かせ、虎に、「天帝は自分を百《ひゃく》獣《じゅう》の王に指名した。もし私を食べたら天帝に背《そむ》くことになり罰《ばつ》がくだされるだろう」といった。しかし、虎が取り合わないので「その証拠を見せましょう。私の後についてきてください」と歩き始めた。そこで虎がついていくと、なるほど、動物はみんな逃げていった。虎は、動物が自分を恐れて逃げたとは気づかず、天帝は狐を百獣の王に指名したと信じたのである。

208 江戸っ子のそば好きは有名だが、なぜ「二八そば」というか？

江戸では、1700年頃から、それまで屋台中心だったそば屋が店を構えるようになり、爆発的に数が増えた。その背景には、白米《はくまい》中心の食事で増えていた、「江戸わずらい」と呼ばれる脚気《かっけ》にそばが効くと喧伝《けんでん》されたからだ。

江戸のそばは「二八《にはち》そば」といい、今もその名前は残っている。二八は、小麦粉とそば粉を2対8の割合で混ぜてこねたからという説が一般的だが、それとは別に、代金が16文だったので2×8だったという説もある。

209 うき我《われ》をさびしがらせよかんこ鳥(芭蕉)「かんこ鳥」とはどんな鳥か?

かんこ鳥は漢字で閑古鳥。「あのスーパーは閑古鳥が鳴いている」と、客の入りがさっぱりでシーンとしていることをいうが、なぜ閑古鳥か。それは閑古鳥がカッコウで、山奥の森閑（シーン）としたところで鳴くからである。シーンとしている方に力点がある。カッコウは5月に日本に渡ってくる夏鳥。他の鳥の巣に卵を産む托卵《たくらん》の習性がある。

210 「焼けぼっ栗に火がつく」はこれでいいのだろうか。どこがおかしい？

昔、いい仲だった二人が久しぶりに同窓会で会い、昔の仲に戻ると、「焼けぼっくり（栗？）に火がついた」という。会話の中でのやり取りだから、「焼けぼっくり」が本当は「焼けぼっくい」であることには気づかない。「焼けぼっ杭《くい》」は焚き火で燃やした太い丸太《まるた》の杭のことだ。燃えカスのように見えて、中に熱がこもっているから、時間を置いてまた燃え上がることがよくある。栗では焚き火で燃え尽きてしまう。

211 ヘチマは漢字で「糸瓜」と書く。これをなぜヘチマと読むか？

ヘチマのたわしでわかるように、実から繊維が得られるので糸瓜と書くが、これがこの植物本来の名称である。それをなぜヘチマと読むかだが、中国（唐）から渡来した瓜ということと糸瓜の音《おん》（＝イトウリ）に近いというので「唐瓜＝とうり」と呼ばれた時期がある。この「と・うり」の「と」が、イロハニホヘトチリの、へとチの間（マ）にあるというので、誰かがヘチマと呼んだ。これは面白いと、その後広まり定着したのである。

212 「白黒を争う」は正しいようで正しくない日本語？

刑事ドラマで犯人かどうかという時「白か黒か」という。同様に、「白黒《しろくろ》をつける」「白黒を争う」というが、これはよろしくない。「黒白を争う」「黒白をつける」が正しい。クロシロではなくコクビャクと読む。日本語は、「雌雄《しゆう》」「上下」「左右」などのように対になっている言葉は「雄雌」「下上」「右左」としない。「黒白」も同じである。

213 「疑心暗鬼を抱く」は何か変。どこがおかしいか？

詐欺の被害にあうと、その後は、初対面の相手を疑ってかかるようになる。そんな気持ちを「疑心暗鬼《ぎしんあんき》」というが、そのことを、ついつい「疑心暗鬼を抱《いだ》く」といってしまう。

「疑いを抱く」と同じに思うからだ。しかし、「疑心暗鬼」とは、疑いの心を持ってしまうと何もない暗闇の中に鬼（暗鬼）が見えるということだから、「疑心暗鬼を生じる」といわなくてはならない。疑いのココロから暗鬼が生まれて、見えるのである。

214 「策士策に敗れる」は、なぜいけない日本語か？

策士《さくし》とは、よく知恵をめぐらし、駆け引きに巧みな人物のことだが、そんな人も策を弄《ろう》しすぎて失敗することがある。高級官僚を抱き込み、政治家を籠絡《ろうらく》したつもりが、後で、大疑獄《だいぎごく》になるといった類である。そんな時、周りは「策士策に敗れたり！」と指弾《しだん》したくなるが、この故事は正しくは「策士策におぼれる」である。「おぼれた」ことを自戒《じかい》する言い回しであって、周りがとやかくいうことではない。本人が「『策士策におぼれる』でね、見事に失敗しました」というと納まる。

215 なぜ「南天を戸口に植えると泥棒が入らない」というのか？

初夏に白い花をつけ、晩秋から冬にかけ赤い実が成る南天《なんてん》は、育てやすい庭園植物である。原産地はインドといわれるが、日本では正月用の花材に使われる。また、その実が雪ウサギの目に使われ、冬の植物として人気がある。

南天の読みが「難を転じる」につながるので、縁起がよいとされ、「南天で作った箸《はし》で食べるとお腹をこわさない」「南天を戸口に植えると泥棒《どろぼう》が入らない」「悪い夢を見たら南天に話すと悪霊祓《あくりょうばら》いができる」などといわれている。また、葉は南天葉《なんてんよう》と呼ばれる生薬になり、咳止《せきど》めや解熱剤《げねつざい》、胃薬《いぐすり》としても使われてきた。

216 酒場や居酒屋を、なぜ、水商売というか？

かつて、江戸の町は、地方出身の単身男《ひとりもの》たちの町だった。人口の70パーセントは男だったといわれる。男は女を求める。その心理をつかんで、水茶屋《みずぢゃや》という商売が登場した。今のコーヒー店のようなもので、冷水や茶を出す、すなわち「水商売」だ。水や茶を出すのは女性である。美人を置けば繁盛する。酒を出せば女性はより美人に見える。そして、この水茶屋が酒場になったので今も水商売といっているのだ。

217 大音響を出す装置を、なぜサイレンというか？

サイレンはスコットランドのロビンソンが考え、1819年にフランスのラ・トゥールが改良して完成した。その名はギリシャ神話の半人半鳥《はんじんはんちょう》の魔女《まじょ》セイレーンから取った。この魔女は美声で歌を歌い沖行く船の水夫を誘惑し命を奪っていた。そこで、英雄オデュッセウスは水夫の耳にロウを詰め、全員の体を帆柱にくくりつけて難を逃れさせた。美声を無視されたセイレーンは悲嘆に暮れ、海に身投げして岩になってしまったという。

218 ワスレナグサを漢字で、なぜ「勿忘草」と書くか？

中世ドイツの話。ドナウ川のほとりを散歩していた騎士《きし》ルドルフは、恋人ベルタのため、岸辺に咲く花を摘もうとして流れに足を取られた。必死で岸にたどり着くが力尽き、最後にベルタに花を投げ、「忘れないで！」と叫んで消えた。そこから、この花はドイツ語で「Vergiss-mein-nicht（フェアギス・マイン・ニヒト）＝忘れないで！」と命名され、イギリスで「forget-me-not」と英訳された。それが日本に伝わって1902年（明治35年）、植物学者の川上滝弥《かわかみたきや》が翻訳し「勿忘草」の漢字を当てた。「勿忘」は「忘れるなかれ！」すなわち「（私を）忘れないで！」だ。

219 寄り道することを、なぜ「道草を食う」というか？

道草を食うの「食う」を何となく「時間を食う」と思っていないだろうか。が、この「食う」は本当に道に生えている草（道草）を「食う」のである。なぜか？　食うのは人間ではなく、馬だからである。

乗って出かけた馬が、道の途中で草を食べ始めて動かない。空腹だから時間はどんどん過ぎていく。結局、寄り道したのと同じ結果になる。だから、寄り道を「道草を食う」といった。

220 「風が吹けば桶屋が儲かる」のは、なぜか？

昔の道は土が剝《む》き出しだったから、風が吹くと土ぼこりが舞い上がる。その土ぼこりが目に入ると、眼科医がおらず、クスリもない時代だから、目の不自由な人が増える。目の不自由な人は三味線《しゃみせん》弾《ひ》きになる。三味線の需要が増えるとネコが皮をひんむかれる。ネコの数が減るとネズミが増える。ネズミは桶をかじるから桶屋が儲かる、となる。

こうした因果関係が、経済の分野でわかれば、あなたも一儲けできるかも知れない。

221 連戦連勝で「破竹の勢い」というが、「破竹」とは何のこと？

筍《たけのこ》が地面を割って顔を出し、グングン伸びていくことを「破竹《はちく》」と思っていないだろうか。なるほど、その勢いはわかるが、グングン伸びることがなぜ「破竹」か、なぜ「破」という字が当てられているのか、わからない。鉈《なた》で竹を割ったことがあれば、一気呵成《いっきかせい》に下まで割《さ》けるのは知っているだろう。実は、これが破竹だ。そんな勢いで、連戦連勝し、一気に決着をつけるのが「破竹の勢い」である。

222 江戸庶民の住居には、なぜ裏店とか裏長屋とか「裏」がつくのか？

江戸の町人はほとんど裏店《うらだな》と呼ばれる長屋《ながや》に住んでいた。今でいうアパートである。裏というのは、表通りから見えないところに建てられていたからである。では、表は何か。商店街になって店が並んでいた。商店街から一歩入ると木戸《きど》があり、その奥に長屋が肩を寄せ合うようにあった。店《たな》というのは貸家（借家）という意味である。

223 「インド株でぼろ儲け。濡れ手に泡だったよ」はどこが変？

「濡《ぬ》れ手《て》に泡」というのは、ぼろ儲《もう》けがバブルを連想させるので「泡」としたのだろうが、「濡れ手で粟《あわ》」としなくてはならない。「濡れ手に粟」ではなく「濡れ手で粟」である。粟は、最近は、小鳥の餌か五穀健康食品《ごこくけんこうしょくひん》の中でしか見かけない。粒が非常に小さくて米や麦のように手ですくえない。指の間からこぼれてしまう。

だから、昔の人は手を濡らしてすくった。こうするとくっつくので、苦労せずたくさんつかむことができる。これが「濡れ手で粟（をつかむ）」だ。「苦労せず」というところがミソである。

224 「進退谷まる」と書いて「しんたい〇〇まる」と読む。何と読むか？

「たにまる」ではない。「きわまる」と読む。昔の戦さで、軍が狭い谷に追い込まれると、隊列《たいれつ》を細くしなければならない。その状態で前後から攻められると、中ほどにいる兵は手の出しようがない。前にも後にも動けなくなって、進退谷《きわ》まるのである。

この言い方は、話し言葉ではよく使う。テレビのアナウンサーも口にするが、漢字で書くと読めない。パソコンの漢字検索でも、「きわまる」と入力してもこの字は出てこない。思いがけない字だから、連想するのは難しいが、その状況を考えればなるほどとわかる。

225 「傍目八目」は何と読み、どういう意味か？

「傍目八目」は、「おかめはちもく」と読む。囲碁を傍《かたわ》らで見ている人は対局している人より八目《もく》も先が読めるという意味だが、そこから、当事者よりも第三者の方がものごとの本質がよく見えるということをあらわす時に使う。

他人の恋人に惚《ほ》れることを「傍惚《おかぼ》れ」といい、無関係な男女の仲を妬《や》くのを「傍焼《おかや》き」というように、「傍」は「おか」と読むこともある。

226 人にこびへつらう人を、なぜ「ゴマすり」というか？

ゴマは殻が硬いのでゴマ塩以外ではたいていすりつぶして使う。最近はフードプロセッサーで簡単にすりゴマを作れるが、昔は、すり鉢で擂《す》り粉木《こぎ》を使ってゴリゴリつぶした。すると凹《へこ》んだところにつぶれたゴマがこびりつく。その様子が、むやみに他人に追従《ついじゅう》する人物に当てはまるようだというので「ゴマすり」という言葉が生まれた。

ゴマの歴史は古く、アフリカ・サバンナのエチオピア内陸部が原産地とされているが、日本でもすでに縄文《じょうもん》遺跡から出土している。ゴマの成分は50パーセント以上が脂《し》質《つ》で、リノール酸やオレイン酸など質のいい油である。他にたんぱく質や鉄分なども豊富に含んでおり、昔からの健康食品である。

227 プライドにかかわることを「沽券にかかわる」というが、沽券とは？

沽《こ》券《けん》の「沽」は見かけない漢字だが、「沽却」と書いて売却《ばいきゃく》ということなので「売」とイコールである。孔子《こうし》の『論語《ろんご》』に「求善賈而沽諸」という箇所がある。「よきあたいをもとめてうらんかな」といった内容で、「沽」が「うる」だ。だから、「沽券」とは土地を売買《ばいばい》したり、所有したりする「証券」である。証券だから、その土地の値打ちをあらわすもので、これが人間に対しても使われ、値打ち、プライドとなった。

228 夕焼のあへなく消えし案山子かな（久保田万太郎）「案山子」とは？

山田《やまだ》の中の一本足の「かかし」である。スズメ、カラス、イノシシ、サルなど、作物を荒らす鳥獣《ちょうじゅう》は、人間が農作業をしている間は近寄らない。そこで、竹やわらで作った人形を田や畑に立てておく。これが案山子《かかし》だ。最近は、人形はあまり効果がないというので、ドーンという威嚇音《いかくおん》を発する装置を置いている。かかしはもともとは、獣肉《じゅうにく》、魚の頭、襤褸《ぼろ》、鳥の死骸《しがい》など悪臭《あくしゅう》のもととなるものを注連縄を張ってぶ

ら下げていた。臭いを嗅《か》がして近づかないようにしたのである。

つまり「嗅がし」だ。これが音転化して「かかし」となった。ライオンなど、日本にいない肉食獣《にくしょくじゅう》のし尿《にょうし》を染み込ませた襤褸を置いておいても、イノシシやカラスは近づかないという実験もある。

229 安楽な暮らしができることを左団扇というが、なぜ、左か？

たいていの人は右利きだから、暑い時、右手で団扇《うちわ》を扇《あお》ぐ。その扇ぎ方はパタパタとせわしないハズだ。

一方、さほど暑くもない時は、左手に団扇を持ち、ゆっくり扇ぐだろう。右団扇に比べてはるかに鷹揚《おうよう》としているように見える。そこから、余裕があることを左団扇といい、安楽な暮らしという意味につながった。

230 希望者が多いことを「目白押し」というが、なぜ目白か？

目白《めじろ》は、かつて50円切手にもなった小鳥のメジロである。この鳥は枝に横一列に止まり、まるで大勢で押しくらまんじゅうをしているように見えることがある。これを目白押しといい、「申込者が多い」ことなど、人がたくさんいる様子をあらわす場合にも使われる。メジロは花の蜜や果実など甘いものが好物で、初春に、庭の梅の花にやってくる。体色がウグイス色なので、よくウグイスと間違えられる。しかし、ウグイスは警戒心が強く人目に触れる庭先にはまず出没しない。だから梅に来るのは、ほぼメジロである。目の周りが白いからわかる。

231 「アメリカ合衆国」か「アメリカ合州国」か？

United States of AmericaのUnited States を直訳すると、諸国（諸州）連合なので「アメリカ合州国」と表記すべきであるという意見もあるが、日本では、幕末以来、一貫して「アメリカ合衆国」としている。「合衆」とは、元首が君主ではなく民衆の中から

選ばれる共和制もしくは民主主義をあらわす古い訳語である。現在合衆国と表記されるのは、アメリカ合衆国とメキシコ合衆国の2国だけである。

232 侘助や障子の内の話し声(高浜虚子)「侘助」とは何のことか?

「わびすけ」と読む。ツバキの一種である。秀吉の朝鮮戦役《ちょうせんせんえき》の時、加《か》藤《とう》清正《きよまさ》が持ち帰って全国に広まったという説と、「侘助」という名の者が持ち帰ったという説がある。一般のツバキに比べ、花は小ぶりで筒状、葉は細めで艶《つや》があり、簡素《かんそ》で控えめな印象がある。侘助という名称とともにこの簡素なところが好まれている。晩秋から初冬にかけて白か赤の花をつけ、暖かいところでは冬の間中、咲いている。

233 ダメになることを「ポシャる」というのは、なぜ?

音からすると何かが落ちてつぶれるところを連想する。それは帽子で、フランス語のシャポーの逆さ言葉である。シャポーは「シャッポを脱ぐ」といい、これは「脱帽する」「参りました」ということだ。

それが、その帽子が落ちて、言葉がひっくり返って、計画がダメになるという意味の「ポシャる」となった。なぜ、そうなったかはわからない。が、「ダメになった」というより、明るく「ポシャった」の方が、気楽なことは確かだ。

234 おやつは午後3時頃食べるのに、なぜ八つか？

昼食から夕食までは時間が長いので小腹《こばら》が空《す》く。そこで午後3時頃におやつを食して腹を持たせるのだが、実は、この「おやつ」とはもともとは時間のことで、昔は2時間を一刻《いっとき》として一つ、二つと数えていた。八つは午後2時から4時の間で、その時間に間食するから「お八つ」というのである。

7章

バカのことを、なぜアホウというか？

235 バカのことを、なぜアホウというか？

アホウは漢字で阿呆と書くが、もともとは阿房《あぼう》だった。阿房とは阿房宮《きゅう》のことで、秦《しん》の始皇帝が天下を統一した後、長安《ちょうあん》（今の西安《せいあん》）の西北渭水《いすい》（黄河《こうが》の支流）の南に建造した巨大宮殿である。『史記』によると、その殿上《でんじょう》には1万人が座ることができたという。そして、趙《ちょう》、燕《えん》、呉《ご》、越《えつ》、楚《そ》、魏《ぎ》の6カ国の美女が集められ、日夜、酒宴《しゅえん》が繰り広げられた。「後宮《こうきゅう》の美妃《びき》3000人」だ。この史実から、日本では、けたはずれにバカなことをする者のことを「阿房」というようになり、さらに関西地方では、「阿呆」と字を置きかえて使われるようになった。

『史記』によると、阿房宮は「楚の項羽《こうう》に焼かれた」ことになっているが、2003年の発掘調査で「そうでない」ことがわかった。

236 「医者の不養生」と「紺屋の白袴」は、なぜ、同じ意味か？

「医者の不養生《ふようじょう》」は、生計を立てている技術を自分のために役立てられないという意味である。医者なのに生活習慣病で苦労している人もいる。一方、「紺屋《こうや》の白袴《しろばかま》」だが、紺屋というのは染物屋《そめものや》である。染めのプロなのに、自分の袴は白のままというので、やはり、技術を自分のために役立てられないという意味になる。だから、同じだ。

237 人生の栄枯盛衰《えいこせいすい》ははかないという故事は「一睡の夢」でいいか？

ダメ。中国・唐の時代、盧生《ろせい》という青年が邯鄲《かんたん》という町で、ある老人と出会い家に招かれた。その老人が、一休みするようにといって、「思いをかなえられる枕」を出してくれたので横になると、たちまち夢の世界に引き込まれた。

夢の中で、盧生は大金持ちとなり、栄耀栄華《えいようえいが》の生活を送った。しかし、目覚めてみるとそれは、眠る前に竈《かまど》にかけたご飯がまだ炊き上《あ》がらないほどの短い間の出来事だったのである。ご飯が炊き上がらないくらいの短い間だからこれは「一炊《いっすい》の夢」と書くのが正解である。「盧生《ろせい》の夢」「邯鄲《かんたん》の夢」ともいうが「一睡の夢」は間違いだ。

238 なかなか結末に至らないことを長丁場というが「丁場」とは？

丁場《ちょうば》は、江戸時代の、宿場《しゅくば》と宿場の間隔のことである。その距離はマチマチだが、特に遠いところを、駕籠《かご》かき人足や飛脚《ひきゃく》が「長丁場《ながちょうば》」といっていた。時間がかかるし、疲れてくるのでダラダラする。そこで、ダラダラすることも「長丁場」といった。

宿場と宿場の間が長いと日が暮れることもある。江戸時代は、夜の街道は狼が出没する危険地帯と化した。「長丁場」はその意味でも嫌がられていた。

239 自分以外はみんな他人なのに、なぜ、わざわざ「赤の他人」と赤をつけるか？

赤の他人の「赤」は赤っ恥、真っ赤なウソなどの赤と同じく、「まったく」「すっかり」という意味の強調語《きょうちょうご》であると多くの語源辞典には書いてあるが、それとは別に、仏典から出た「阿伽《あか》」「閼伽《あか》」が語源であるとする説も併記《へいき》されている。

「阿伽」「閼伽」とは仏様に供える水だから、「あかの他人」はその水のように冷たい関係ということになる。

240 商人のことを、なぜ「あきんど」というか?

世界史に登場する中国最古の王朝・殷《いん》は、自らを商《しょう》といっていた。紀元前1046年(諸説あり)に周に滅ぼされた後、人々は四方に散り、物売りをして生計を立てた。この商の人たち(商人)は各地を渡り歩く行商で、店は構えなかったが、いつしか物を売る人すべてを商人というようになった。で、日本で商人をなぜ「あきんど」というかだが、昔は、秋に田舎で米穀《べいこく》を仕入れ、町の市で売っていた。だから「秋人《あきひと》」と呼ばれていた。それが音転化して「あきんど」となった。

商人は江戸時代には町人の身分を与えられ、町の一角に定住して店を構えた。当時から、大坂人の商売上手は知れ渡っており、「主人が大坂、女房は京都、番頭は近江《おうみ》、蔵番《くらばん》は長崎、小僧が江戸」ならその店は大きくなるといわれた。

241 ダークホースは大穴のことだが、なぜダーク(暗い)か？

まず「本命」についてだが、もともとは、自分の干支《えと》のことで「ほんみょう」と読む。例えば、丑年生《うしどし》まれは2009年が本命で、運勢が最高になる当たり年だった。

この「当たり」の部分をいただいて、競馬の予想で、間違いなく優勝しそうな馬を本命とし「ほんめい」と読ませた。本命に対抗するのが「対抗」、予想外の「穴」がダークホースである。ダークには「暗い」「黒い」の他に「よくわからない」という意味がある。その馬が強いのか弱いのか、よくわからないのである。

242 紺屋で使う「あさぎ」「もえぎ」「なんど」はどんな色か？

「あさぎ」「もえぎ」「なんど」の三つは藍染《あいぞ》めの色。「あさぎ」は漢字で浅葱と書き、ネギの葉の浅い色という意味だから、緑がかった薄い藍である。同じ発音で浅黄があるが、これは薄い黄だから違う色だ。

「もえぎ」は萌葱と書き、ネギが萌え出る時の色、青と黄の中間の藍である。また、「なんど」は納戸と書き、物置のことだから、黒い色調の藍である。江戸幕府の納戸《なんど》役《やく》の武士が、この色の着物を着ており、それがこの名称となった。

243 山茶花の散りしく木の間くらきかな(久保田万太郎)サザンカはツバキとどこが違う?

山茶花《さざんか》という名は、中国でツバキの仲間を山茶《さんさ》と呼んでいたことからきた。もともとはサンサカ(山茶花)といっていたが、それがなまってサザンカとなった。見かけはツバキと似ているが、その一番の違いは散り方である。ツバキは花全体がポトリと落ちるのに対し、サザンカは花びらが一枚ずつヒラヒラ散る。そのことが久保田万太郎の句にも詠まれている。また、ツバキは、寒ツバキ以外は春に咲き、サザンカは晩秋から冬にかけて咲く。ツバキの花はすぼんだ形だが、サザンカは平らに開く。ツバキは葉のつけ根に毛が生えないが、サザンカには毛がある。これくらい知っておけば、この二つを見間違える

ことはないだろう。サザンカはいい香りがするので香り袋に入れたり、種から取った油をツバキ油のように洗髪に使ったりもする。

244 すべてうまくいくことを「ウケに入る」というが、ウケとは何か？

人からプラスの評価をもらうことを「受ける」というので、「ウケに入る」は「受けに入る」と思ってしまいがちだが、これは違う。この場合のウケは有卦で、中国から伝わった占星術《せんせいじゅつ》の陰陽道《おんみょうどう》で幸運が続く7年間のことである。だから、昔は有卦に入ると、近所の人や親戚を集めて「有卦振《うけぶ》るまい」を行い、幸運をともに分け合った。逆に不運に見舞われると5年続く「無卦《むけ》に入る」のである。

245 インチキすることを「ごまかす」というが、なぜ「ごま」か？

江戸時代に、中国から胡麻胴乱《ごまどうらん》という菓子が伝わった。胴乱は、今も、植物採集で植物を入れる容器の名として残っている。

この菓子は小麦粉にゴマを混ぜて焼いたもので、大きく膨《ふく》らませてあった。しかし中身はスカスカだ。だから食べた人は「インチキだ」とがっかりした。このためこのごま菓子（ごまかし）はインチキの代名詞となり、それが動詞化して「ごまかす」となった。「誤魔化す」は後に音に漢字を当てただけである。

246 利益になると見るや態度をコロリと変える人を、なぜ「現金な人」というか？

江戸時代の商売は売買記録を帳面につけ、盆と暮れに支払ってもらう掛売《かけう》りがほとんどだった。すぐには現金にならない。しかも、支払いを渋る客もいる。そうなると、借金取り（掛取《かけと》り）に頼んだり、自分で取り立てたりと、何かと面倒である。その点、その場で払ってくれる客は面倒がない。だから店の接客態度も違ったものとなった。すなわち、現金を

見て態度をコロリと変えるわけだ。「現金な人」になるのである。

247 風呂の浴槽は水に浮いているわけではないのに、なぜ湯船というか?

浴槽《よくそう》は湯を入れるが、湯に浮いているわけではないから、湯船というのは奇妙だ。しかし、これは、湯船でいいのである。風呂敷の項(86)で書いたが、大昔の風呂は蒸し風呂だった。それが、江戸時代に湯につかる風呂になった。その風呂は、湯を桶《おけ》に入れ、船に乗せ、江戸の堀を行き来した。湯船だ。堀のふちに接岸し、入浴料10文で入浴させたのである。この風呂屋が人気を博し、客が殺到したため、やがて陸に上がり、銭湯となった。しかし、陸に上がっても「湯船」という名称はそのまま残った。

248 灯の下の波がひらりと夜の秋(飯田龍太)「夜の秋」は「秋の夜」とどう違うか?

「竹の秋」が秋ではなく春の季語であるように、「夜の秋」も秋の季語ではない。盛夏を過ぎた頃、夕刻にはまだ昼の暑さが残っているものの、夜が更《ふ》けると涼しく、虫が小さく鳴き、秋の気配が漂う。が、この季節はまだ夏であるから「夏の季語」だ。似たような表現に「秋めく」があるが、こちらは、季節はすでに秋である。夏に忍び込んだ秋の気配が「夜の秋」、これに対し、「秋の夜」はすでに秋になっているから、同じではない。

249 日本の通貨単位はなぜ「円」か？ 円はなぜ「YEN」か？

「円」は明治4年（1871年）の新貨《しんか》条例《じょうれい》によって通貨単位と決められた。なぜ「円」にしたかについては、通貨（硬貨）の形が円だったからというのが通説だが、「人々が人差し指と親指で円を作ってお金をあらわしていたことから、早稲田大学の創設者としても知られる大隈重信《おおくましげのぶ》が、『円なら誰でもわかるだろう』といったので決まった」という説もある。

大隈重信は明治2年から会計官副知事《かいけいかんふくちじ》として金融行政にたずさわり、明治3年に参《さん》議《ぎ》となった。参議は今の大臣に相当する位だから財務大臣ということになる。

ところで、円をローマ字表記する時「EN」ではなく「YEN」とYをつける。これはなぜだろうか？　それは、幕末まで「え」は［e］ではなく［je］と発音していたからである。江戸をYEDO、蝦夷をYEZO、恵比寿はYEBISUと書くのと同じだ。

250 手前味噌とは自分勝手、自分有利にすることだが、なぜ味噌か？

味噌《みそ》はスーパーやデパートで簡単に手に入るが、昔は、それぞれの家で作っていた。そして客に出して自慢した。今でも、農家では自家製の漬物をお茶うけに出すが、昔は味噌も出した。そこから「手前味噌《てまえみそ》」という言葉が生まれ、自慢から始まって、自分勝手にする、自分に有利にする、という意味が加わった。

味噌は大豆とともに中国から来たといわれ、奈良時代の文献にすでに未醤《みさう》という文字がある。味噌の原型だ。平安時代の史料には雑炊《ぞうすい》の味つけに使ったと書いてある。

醗酵《はっこう》によってできる脂肪酸《しぼうさん》エチルが豊富に含まれているが、これが胃がんの発生を抑えるので、味噌汁をよく飲むと胃がんにかかりにくくなるといわれる。が、塩分が多いので、過ぎると逆効果となる。

251 なぜ、キュウリを巻いたのり巻きを「カッパ巻き」というか?

カッパの好物がキュウリだからだ。『妖怪事典《ようかい》』(村上健司)によると、カッパは水の神様の化身。水神信仰では、初なりの野菜としてキュウリを供えたので、カッパの好物もキュウリになった。蛇足になるが、キュウリは90パーセント以上が水分である。ギネスブックにも、世界で一番栄養のない野菜として登録されている。

252 「あの人が社長だとはゆめゆめ思わなかった」はよくない言い方。なぜか?

「ゆめゆめ」は漢字で「夢々」ではない。「努々」だ。だから、「ゆめゆめ思わなかった」は「夢にも思わなかった」とはならない。「努」は「けっして」という副詞なので、「努々」は「けっしてけっして」だ。だから禁止表現の「してはならない」が次に続く。「あの人が社長でないとはゆめゆめ思ってはならない」ならいい。あるいは素直に「あの人が社長だとは夢にも思わなかった」でもいい。

253 おせち料理のゴマメはタックリ(田作り)ともいう。魚なのに、なぜ、田か?

ゴマメはカタクチイワシの幼魚を乾燥させて炒《い》り、醤油、味醂《みりん》、砂糖、赤唐辛子《あかとうがらし》を煮詰めた飴《あめ》状の液と絡《から》めたものである。正月のおせち料理に欠かせない一品だ。日本酒ともよく合う。カタクチイワシだから田や米とは関係なさそうだが、実は、大あり。

昔は、カタクチイワシが豊漁で山のように捕れていた。そこで、これを田に入れ高《こう》級肥料《きゅうひりょう》にした。最初は、余った魚を田んぼに捨てたのだが、その田が豊作となって肥料になることがわかった。つまり、米がゴマンと収穫されるから五万米《ごまめ》で、田を肥やすから田作《たつく》りである。

254 底の見え透いたバカバカしいことを、なぜ「茶番」というか？

昔、芝居小屋では、客に茶を出す茶番《ちゃばん》と呼ばれる大部屋の役者がいた。大部屋にいるのは駆け出しや下手くそな役者である。その者たちが客に茶を配る時、余興に寸劇をサービスした。しかし、もともと下手だから、寸劇も下手くそで、オチが見え透いている。そこから、下手な小細工や見え透いた芝居を茶番劇といい、省略して茶番というようになった。

255 キリスト教ではなぜ、お祈りの後「アーメン」というか？

キリスト教の源流である古代ユダヤ教では、ラビと呼ばれる宗教的指導者が聖書の一節《いっせつ》を長々と読み上げ、集まった人たちも同じ節を復唱《ふくしょう》してお祈りをしていた。しかし、それでは時間がかかりすぎて面倒ということになって、「然《しか》り！（その通りだ！）」とだけいって済ますことにした。そのヘブライ語（ユダヤ人の母語《ぼご》）が「アーメン」である。これがそのまま、古代ユダヤ教から派生したキリスト教にも受け継がれた。

キリスト教は、アダムとエバ（イブ）の堕罪《だざい》によってすべての人間が負うこととなった原罪が、イエスの死によって贖《あがな》われ、そのことによって、イエスを救世主《きゅうせいしゅ》（キリスト）と信じる者はその罪の赦《ゆる》しを得て永遠の生命に入る、という信仰である。

256 「汚名挽回のため夢中で仕事をした」は間違い。なぜか？

「汚名挽回《おめいばんかい》」はよく間違って使われる四字熟語である。

意味を考えてみると、挽回とは「取り返す」ことだから、「汚名挽回」は汚名をかぶったその状態に戻ることになる。これでは仕事を一生懸命やっても無駄だ。汚名は返上し雪《すす》がなくてはならない。挽回すべきは名誉である。「汚名返上」「汚名を雪ぐ」「名誉挽回」ならむくわれる。

257 頼まれた時の「ハイヨ」という返事は一つなのに、なぜ「二つ返事」というのか？

国語辞典の中には、「二つ返事」を、「ハイハイ」と重ねた返事をすることと書いているものもある（『大辞林』他）が、この「二つ」は数字の2ではなく次という意味である。すなわち、何か質問されたり、頼まれたりした時、すぐ「次の返事（答え、承諾）」をすることである。立ちどころに返事をし、ためらうことがない。そうであるなら、「ハイヨ」でも「ハイハイ」でも「ハイハイハイ」でも、いいのだ。

258 社長の息子をほめるつもりで、「蛙の子は蛙ですね」は○か×か？

「とびが鷹《たか》を生む」は凡人《ぼんじん》の親から非凡《ひぼん》な子どもが生まれたという意味だから、子どもは優れていても親は平凡ということ。いわれた親は悪い気はしないだろうが、自分は凡人といわれたのだから、事実としても、ちょっと複雑な気分だろう。

では、「蛙の子は蛙」はどうか。見出しの例だと、さすがに社長の息子は社長になる器《うつわ》と受け取れなくもないが、本来、この言い回しは、社長であろうと何であろうと、凡人の親からは凡人の子しか生まれないという意味である。ほめてはいない。だから×である。

259

「蛇《じゃ》の道はヘビ」というが、蛇はヘビではないのか？

専門的なことは、その道の専門家が一番詳しいというのが「蛇《じゃ》の道はヘビ」だが、蛇はヘビだから「ヘビの道はヘビ」となって当然すぎることをいっているに過ぎないとも受け取れる。しかしながら、この「蛇」はただのヘビではないのである。ヤマタノオロチのような大蛇のことだといえば、なるほどとなるだろう。

大蛇が通るような道は、同じヘビの仲間ならすぐ見当がつく。つまり、「餅《もち》は餅屋」といいたいわけだから、これはこれでいいのではなかろうか。

260 お寺の名称は浅草寺のような「寺」と知恩院のような「院」がある。なぜか？

寺の名称は本来、浅草寺《せんそうじ》は金龍《きんりゅう》山《さん》伝法院《でんぼういん》浅草寺、知恩院《ちおんいん》は華頂山《かちょうざん》知恩教院大谷寺《おおたにでら》と長い。そこで、短くして浅草寺、知恩院と通称名で呼んでいる。寺と院とで中身が違うわけではない。また、寺院の前に金龍山、華頂山のように山の名前がくるのは、昔は、お寺は山の中に建てられたからだ。高野山《こうやさん》、比叡山《ひえいざん》などみんなそうである。

261 難読漢字の振り仮名を、なぜルビというか？

「汚名を雪《すす》ぐ」の振り仮名「すす」を印刷用語でルビという。これは、英語のruby、宝石のルビーからきている。明治時代にイギリスの印刷技術が導入された時、振り仮名活字の呼び名もイギリス方式にした。イギリスでは活字の大きさをダイアモンド、サファイアなど宝石名

で呼んでおり、当時、振り仮名の活字はルビーだったのである。

262 「あうんの呼吸」の「あうん」とは何のことか？

「あうん」は漢字で阿吽と書く。これは仏教の梵語《ぼんご》で、阿は口を開いて発音する母音の最初の音、吽は口を閉じて発音する最後の音である。すなわち最初と最後だから、世界の始まりと終わりを意味し、あらゆる存在の根源を指すと解釈される。また、「吐く息」と「吸う息」であることから、相撲の仕切りで行司が両者の呼吸を合わせる時に使われ、それ以外にも、互いが呼吸まで合わせるように心を微妙に調整し、最後にはぴったり一致するというニュアンスでも使われている。

8章

「うれしくて鳥肌が立った」はちょっと変？

263 ピーナッツをなぜ、落花生や南京豆というか？

落花生《らっかせい》というのは、この字の通りのことが実際に起こるからである。すなわち、晩秋に黄色い花をつけると、受精して数日後、雌しべの子房《しぼう》が長く地面に向かって伸び、そのまま地中に入る。そこで結実するので、あたかも花が落ちて実になったように見えるのである。地中にはたくさんのピーナッツができている。

一方、南京豆は、南米（ブラジル）原産の豆が中国経由で、17世紀末ごろに伝来したからついた名前だ。しかし、この豆自体は品質が悪くてまったく普及せず、呼び名だけが残った。現在、千葉などを中心に全国で栽培されている品種は当時とは別の品種で、1876年（明治9年）ごろに明治政府がアメリカのカリフォルニア州から輸入し、関東各地に配ったものである。

264 副食のことを「おかず」というが、なぜか？

副食の惣菜《そうざい》は、主食につけ合わせ、何品か数《かず》を取りそろえて出す。数があることを女房言葉で「おかず」といった。女房言葉とは、室町時代から宮中に仕える女性（女房）たちが使った隠語的な言葉。衣食住に関するものが大半だ。

たとえばおかか、おかず、おつけ（おみおつけ）、おでん（もとは田楽をさす）、おにぎり、おはぎ、おひや（水）、おなか（お腹）、お尻、など。

265 飾り気のない天真爛漫《てんしんらんまん》な人を天衣無縫というが、天衣とは？ 無縫とは？

天衣《てんい》とは天女の着物、無縫《むほう》とは縫《ぬ》い目がないことだ。昔々、中国の郭翰《かくかん》という人が、夏、庭で寝ていると天から女性が降りてきた。たずねると「私は織女《しょくじょ》です」という。よく見るとその女性の着衣には縫い目がない。またたずねると「天女の着物は針で縫

ったものではありません」と答えた（中国・唐の牛嶠《ぎゅうきょう》撰『霊怪録《れいかいろく》』）。

そこから、詩文などが、「飾り気なく自然のままである」ことを天衣無縫というようになり、さらに、今日では飾り気のない人柄を指してそういうようになった。

266 風花や波路のはては空青き（水原秋桜子）「風花」は冬の季語だが何のことか？

キーンと寒い晴天の冬の空から、ちらほら舞い降りてくる雪片が風花《かざはな》である。群馬県などではよく見られる。晴天だから、雪が降っているのではない。山の方で雪が降っている時、雪が風に吹き送られ、風下の山のふもとに飛んで来る現象である。

群馬県だけでなく、豪雪地帯に近接する地域でもよく見られる。江戸時代の『新季寄』（1802年）には「雪国にて空くもらずして散る雪をいう」とある。

「カザハナ」という語感もよく、雪が桜の花びらのように舞い降りてくる様子もきれいなので、好まれる季語の一つである。

267 「恨み骨髄に達す」には間違いがある。どの部分？

心の底から恨《うら》むと、その恨みは骨の髄《ずい》まで染《し》み込むくらい深くなるので見出しのように「骨髄に達す」と間違えがちだ。だが正しくは、「恨み骨髄に徹《てっ》す」。すなわち、相手を徹頭徹尾恨み続けるのである。

268 表面が凸凹なのに、なぜ金平糖と書くか？

安土桃山時代に外国から輸入された金平糖《こんぺいとう》は、もとはポルトガル語の砂糖菓子「コンフェイト」だったが、その音に漢字を当てて金平糖となった。金米糖、金餅糖という当て字もある。

南蛮菓子は、1550年、長崎の平戸に来たポルトガル船の乗組員が平戸藩主松浦隆信《まつうらたかのぶ》に献上したのが最初である。宣教師はこれらの菓子を布教のために人々に配った。1569年、京都で織田信長と面会

したルイス・フロイスが献上した南蛮菓子が金平糖だったという記録が残されている。

269 「社長は多忙で取りつく暇もない」は間違い。どこが?

忙しそうで声をかけることすらできそうになく見えるので、つい、「取りつく暇もない」といってしまうが、「取りつく」とは「取りすがる」だから、「暇に取りすがる」では意味が成り立たない。正しくは「取りつく島がない」だ。

もともとは広い海で、船頭が、船を寄せておく島のないことをいい、そこから相手がつっけんどんなことにも使うようになった。

つっけんどんだから、取りすがることもできない。

270 「山本君は名門財閥の御曹司だからいずれ跡を継ぐんだよ」は間違い?

良家の坊ちゃんを御曹司《おんぞうし》というのはいいが、跡取りと決まっているわけではない。

むしろ逆である。
曹司とは部屋という意味で、武家社会で、家督《かとく》を継いだ跡取りの長男に養われ、一生を部屋住み、つまり、居候《いそうろう》として過ごす次男以下が御曹司である。坊ちゃんは坊ちゃんでも、跡を継ぐことはもちろんなく、独立することすらままならない身分である。
現代は身分制度がないので、単に良家の坊ちゃんという意味での呼称となっているが、跡取りとは限らない。

271 たとえば、飲みすぎて二日酔いになったときに「身から出た錆」といったりするが、この「身」とは？

「身から出た錆《さび》」は「自業自得《じごうじとく》」という意味だが、二日酔いだからといって、この「身」を人体だと思ったら間違い。刀の刀身《とうしん》である。刀の手入れを怠っていると、いざ抜いた時に錆びていることがある。武士であれば赤っ恥をかくことになるが、それもこれも自分の怠惰が招いた結果だ。だから自業自得である。

272 「紅一点」とは、万緑の中の紅い花だが、何の花か？

紅一点は11世紀、中国・北宋の詩人・王安石《おうあんせき》が詠んだ石榴《ざくろ》詩「万緑《ばんりょく》叢中《そうちゅう》紅一点《こういってん》、動人春色不須多」の一節から来た。緑の背景の中にひときわ目立つ石榴の花があって印象的だ、人の心を動かす春の景色に、多くのものはいらない、という情景をうたったものだ。紅一点は石榴である。転じて、男性ばかりの中にいる唯一の女性という意味になった。

石榴の実から作った果汁には、女性ホルモンのエストロゲン様物質が含まれ美容によいといわれたこともあるが、今は否定されているようだ。

273 凩《こがらし》に匂ひやつけし帰花（芭蕉）「帰花」とは何の花か？

桜、桃、つつじなどの春の花が、初冬（11月頃）の小春日和に咲くことがある。狂い咲きだ。そうした花が帰花《かえりばな》である。

中でも、よく知られているのは桜だろう。桜の花芽は花が散ったら春にもうついている。これが夏の暑さを過ぎ、冬の寒さをくぐって、次の春、暖かくなると咲く。ところが、初冬に、冬の寒さをいったん経験し、その後、小春日和でぽかぽか暖かいと、春になったかと勘違いして咲くことがある。この事情は桃、つつじも同じだ。

274 「のべつ幕なし」は、「ひっきりなしに」ということだが、「幕なし」とは？

芝居では幕を引いて場面と場面の区切りをつける。しかし、この言葉が生まれた江戸時代になると、舞台に仕掛けがいろいろでき、回り舞台やせり上げ、どんでん返しなど、幕なし、つまり、幕を引かずにぶっ続けに見せることができるようになった。「のべつ」は「延べ」と同じだから、二つがくっつくと「ひっきりなしに」という意味になる。

275 「灯台下暗し」の灯台は海の灯台ではない。では、何？

沖を行く船に位置を知らせる灯台《とうだい》の光は遠くを照らすので、「灯台下暗《もとくら》し」と誤解しているかも知れない。しかし、この言い回しの灯台は、昔、部屋の明かりとして使っていた「台つき一本足の照明道具」のことである。

菜《な》種油《たねあぶら》や魚油《ぎょゆ》に芯を漬けて火をともした。が、真下は明るくなく字も読めない。しかも、油は安くはない。だから、庶民は「早寝早起き」「早起きは三文の徳」といってさっさと寝たのである。

276 「このたわけもの！」と人をののしるが、「たわけ」とは？

「たわけ」を漢字で書くと「田分け」である。なぜ、田を分けることが愚《おろ》か者に通じるのか？

農民は子どもに跡を継がせ、代々、農業を続けていかなくてはならない。しかし、何人もの子どもに田を分けてやると、一人分の面積は小さくなる。その子が自分の子どもたちに分けるとさらに小さくなり、さらに、さらにとどんどん小さくなって、とうとう農業を続けられなくなる。

だから「田分け」は愚か者のすることであり、そこから、「たわけもの」という言葉ができた。あほうとかバカと同じだ。

277 「前者の轍を踏まないように頑張れ」には間違いがある？

前の人がやった間違いを繰り返さないという意味で、「前者の轍《てつ》を踏まない」と覚えているとしたら正しくない。発音は正しい、が、「前者」がダメ。「前車の轍を踏まない」だ。

轍とは車輪の跡で、「前車の轍を踏む」とは、前に通った車の跡をそのままなぞることだ。そのままなぞるのだから、前の人と同じ過ちを繰り返すことになる。だから踏まない、のだ。

278 ひときわ優れていることを「白眉」というが、何のことか？

中国・三国時代、蜀《しょく》の劉備《りゅうび》の家来に馬良《ばりょう》という人がいた。この人は5人兄弟だった。この5人の兄弟はいずれも秀才の誉れが高かったが、中でも馬良は抜きん出ていた。馬良の眉に白い毛があったので、世間では「馬氏《ばし》五常《ごじょう》、白眉《はくび》最良」といった。「馬氏五常」とは、馬良の5人兄弟の字《あざな》に皆「常」の字が使われていたので、人々がそう称した。馬氏の5人兄弟はみんな優秀だが、中でも白眉の息子が最も優れている、ということだ。

279 「朋あり遠方より来る」の朋は、友とは違うのか？

「朋友《ほうゆう》」という熟語がある。『大辞林』によれば、どちらも友人だが「朋」は同門の友、「友」は同志としての友と意味を分けてある。「朋《とも》あり遠方より来《きた》る、また楽しからずや」は『論語』の一節だが、その解説書によると、同じ先生に学んだ者が「朋」、同じ志を持ったものが「友」である。

今、あえて区別するとすれば、幼年時代、学校時代からの親友が「朋」、仕事（志）を通じての友人が「友」ということだろう。より楽しいのは、いつも顔を合わせている仕事仲間より、久しぶりに、故郷から訪ねてきてくれた「朋」の方ということだろうか？

280 70歳のことを「古稀」というが、何のことか？

古稀は、中国の詩《し》聖《せい》・杜《と》甫《ほ》が「曲江《きょくこう》」という詩の中で「酒《しゅ》債《さい》は尋常《じんじょう》行く処《ところ》にあり、人生七十古《こ》来《らい》稀《まれ》なり」と詠んだことに由来する。詩聖とは詩人として最高位の呼称。

この詩は「酒代がたまっているが、人間の寿命は知れている。昔から70歳まで生きるものは稀だ。（眼前を見ると花の間に蝶、水面をゆるやかにとんぼが行き交っている）」という詩の一節である。

281 「うれしくて鳥肌が立った」というのはちょっと変？

プロ野球やサッカーのヒーロー・インタビューで「うれしくて鳥肌が立った」といっているのをよく聞く。鳥肌というのは、鶏をつぶした（処分した）後、羽をむしると毛穴がぶつぶつになっているような状態に人の肌がなることで、ふつうは寒い時や恐ろしい目にあうと皮膚が急に収縮してできる。うれしくて鳥肌になる人もいるかも知れないが、本来は、恐ろしい目にあった時の表現だから、ちょっと違う。

282 「華燭の典」とは華やかな結婚式のことだが、華燭とは？

『日本の樹木』（中公新書）の著者・辻井達一氏によれば、「華燭の典」の華は、白樺《シラカンバ》の樺《カンバ》とイコールで、その樹皮には油成分が含まれていて、火をつけると盛大に燃え上がるという。この樹皮を松明《たいまつ》にしたものが華燭だ。

そこから、「華燭の典」は華やかな結婚式をあらわす言葉になった。

283 虎落笛子供遊べる声消えて（高浜虚子）「虎落笛」とは何のことか？

虎落《もがり》は、もともと中国で、竹を結って虎を防ぐ柵のことだったが、そこから日本で、竹を筋交《すじか》いに組んで縄で結わえて作った垣根をこう呼ぶようになった。この垣根に、冬の寒風が当たりヒューヒューと笛《ふえ》のような音の続くことがある。これが虎落笛である。江戸時代後期の歳時記『季寄新題集《きよせしんだいしゅう》』には「から風に竹などなる音なり」と説明されている。強弱、高低がはっきりしていて、寒風のうなりが手に取るようにわかる。

284 弱小チームを応援することを「判官びいき」というが、判官とは？

判官《ほうがん》とは源義経《よしつね》のことである。義経は検非違使《けびいし》の尉《じょう》だったが、この役職名が判官である。だから九郎《くろう》判官義経といった。九郎は源義朝の九男の意味。

壇《だん》ノ浦《うら》で、敗走する平家を滅亡させ、その手柄ゆえ兄の頼朝に警戒された。鎌倉に入れないばかりか、敵として追われ、最後は東北の平泉で滅ぼされた。平家追討の英雄なのに、痛ましい運命に翻弄《ほんろう》されたことから、庶民の同情を集め「判官びいき」という言葉が生まれた。

例えば東京人が、プロ野球で、金持ち巨人ではなく貧乏ヤクルトを応援するのは「判官びいき」といえる。

285 相談することを「打合せ」というが、なぜ「打つ」か？ 何を打つのか？

コンサートでは、演奏が始まる前に音合わせが行われる。オーケストラではコンサートマスターのバイオリンにみんなが音程《おんてい》を合わせる。雅楽《ががく》でも演奏前に、打楽器を打ち鳴らし、弦楽器、管楽器の調子を合わせる。これが「打合せ」だ。三味線もバチで打つので、演奏前に何人かで音合わせすることを「打合せ」といった。そこから、本番前に意見を調整しておくことなども「打合せ」というようになったわけだ。

286 下痢止めの薬草として知られる「ゲンノショウコ」の語源は？

ゲンノショウコは漢字で書くと「現の証拠」である。野原によく生えている野草で、下痢止めの妙薬として知られる。その場ですぐ効くので「現の証拠」と名がついた。ドクダミ、センブリとともに日本三大民間医療薬草である。

タンニン、こはく酸、ケルセチンなどが含まれ胃腸薬、整腸剤になる。「イシャイラズ」という異名もある。

参考文献

『日本大歳時記』（講談社）『明鏡ことわざ成句使い方辞典』（大修館書店）『言葉に関する問答集』（文化庁）『故事成語目からウロコの85話』（阿辻哲次／青春出版社）『ことばの豆辞典1～6』（三井銀行ことばの豆辞典編集室編／角川書店）『梅干と日本刀』（樋口清之／祥伝社）『大野晋の日本語相談』（朝日新聞出版）『日本の樹木』（辻井達一／中央公論社）

本書は、新講社より刊行された『日本語おもしろい』を、文庫収録にあたり、再編集のうえ、改題したものです。

坪内忠太（つぼうち・ちゅうた）
　1946年岡山県生まれ。慶應義塾大学卒。著述家。書籍編集のかたわら、「雑学」を収集。その知識を駆使して、累計65万部超のベストセラー『時間を忘れるほど面白い雑学の本』（竹内均・編／三笠書房《知的生きかた文庫》）シリーズの執筆にも協力。著書に、『アタマが1分でやわらかくなるすごい雑学』（三笠書房《知的生きかた文庫》）、累計30万部超のベストセラー『子どもにウケるたのしい雑学』シリーズ、『日本語雑学で「脳の体操」』『生きものの謎クイズ』（以上、新講社）の他、多数ある。

知的生きかた文庫

日《に》本語《ほんご》おもしろ雑学《ざつがく》

著　者　坪内忠太《つぼうちちゅうた》
発行者　押鐘太陽
発行所　株式会社三笠書房
〒一〇二―〇〇七二　東京都千代田区飯田橋三―三―一
電話〇三―五二二六―五七三四〈営業部〉
　　〇三―五二二六―五七三一〈編集部〉
https://www.mikasashobo.co.jp
印刷　誠宏印刷
製本　若林製本工場

ISBN978-4-8379-8696-6 C0130